Hilferuf der Silberdelphine

Herstellung: Carl Ueberreuter
Druck und Verlag M. Salzer AG
ISBN 3 7886 0007 1

Franz Kurowski

Hilferuf der Silberdelphine

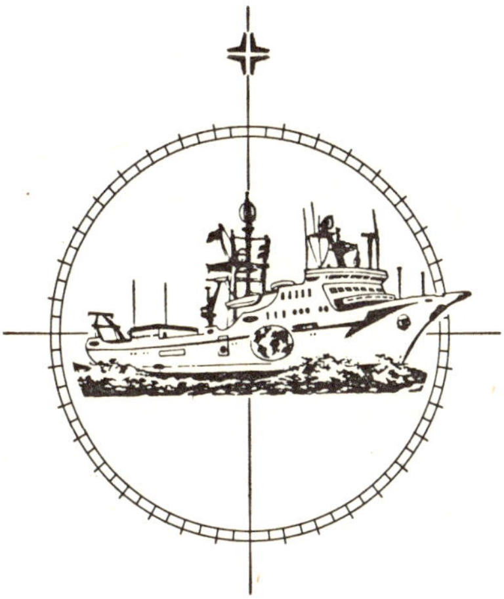

TESSLOFF VERLAG
Hamburg

Zu diesem Buch

Ronald und Juliane Golff hatten sich ein Wiedersehen mit der Unterwasserstadt der Delphinmenschen anders vorgestellt. Ein Hilferuf der Silberdelphine bringt den „Meerpfeil“, das Überwachungsschiff der Internationalen Meeresschutzbehörde, nach Wascertown zurück.

Zwei Silberdelphine sind entführt worden, und Commander Dr. Golff, der Kapitän des „Meerpfeils“, hat Befehl erhalten, die Delphine zu befreien, wo immer sie sich auch befinden.

Mit Dr. Mona Dasjarks, die die Kinder des Commanders noch als Mona Gill kennengelernt haben, tauchen Ronald und Juliane ab und finden das Delphinreich in hellem Aufruhr. Sie versprechen zu helfen.

Unter Einsatz aller Einheiten der Gruppe, des „Deepking“ ebenso wie des „Silver“, gelingt es nach einer Reihe dramatischer Aktionen, die Delphine zu befreien. Tuffy und Buffy, die sprechenden zahmen Delphine, sind mit dabei und haben Anteil an der Überlistung der Unterwasserbanditen. Sie geraten in eine tödliche Gefahr, aus der sie in letzter Sekunde gerettet werden.

Die überwältigenden neuen Eindrücke in der Unterwasserstadt der Silberdelphine, die Geheimnisse ihrer Entwicklung und die goldenen Delphin-Geschenke verweben sich zu einem einmaligen Erlebnis.

Spannung und Abenteuer, Facts und Fiction führen die beiden Golff-Kinder in eine Welt von morgen, die heute schon begonnen hat.

Inhalt

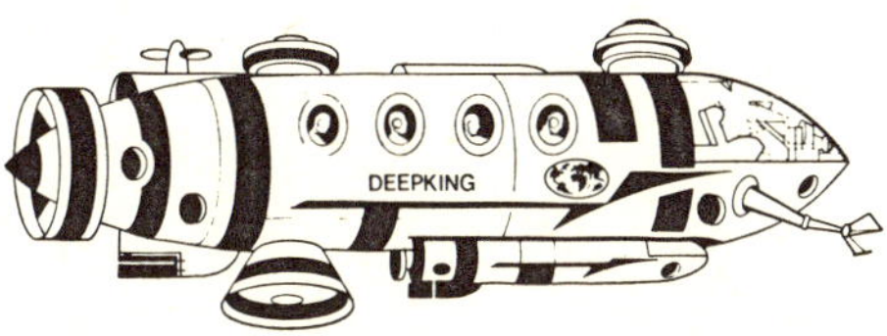

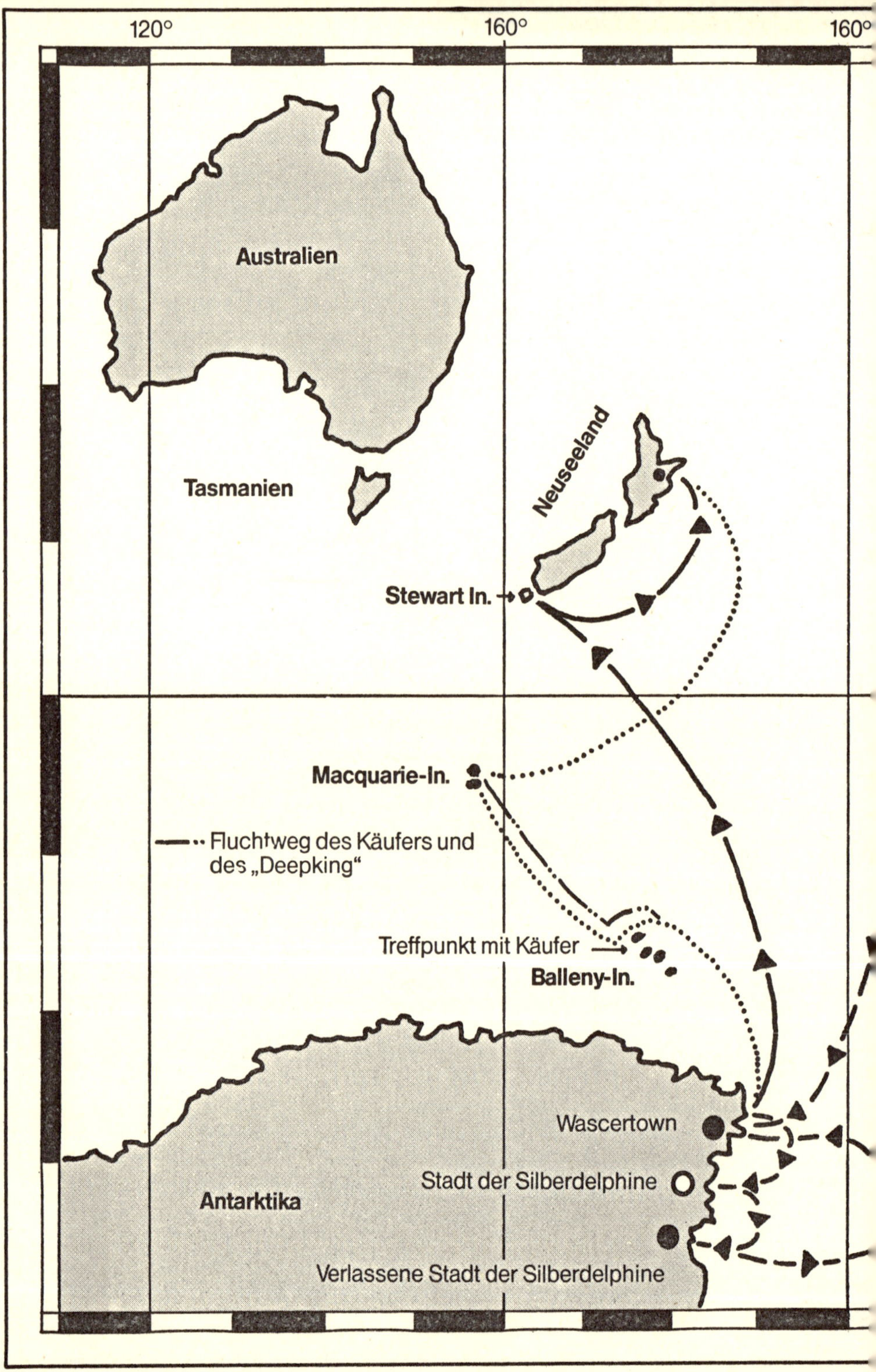

120°
160°
160°
Australien
Tasmanien
Neuseeland
Stewart In.
Macquarie-In.
Fluchtweg des Käufers und
des „Deepking“
Treffpunkt mit Käufer
Balleny-In.
Wascertown
Stadt der Silberdelphine
Antarktika
Verlassene Stadt der Silberdelphine

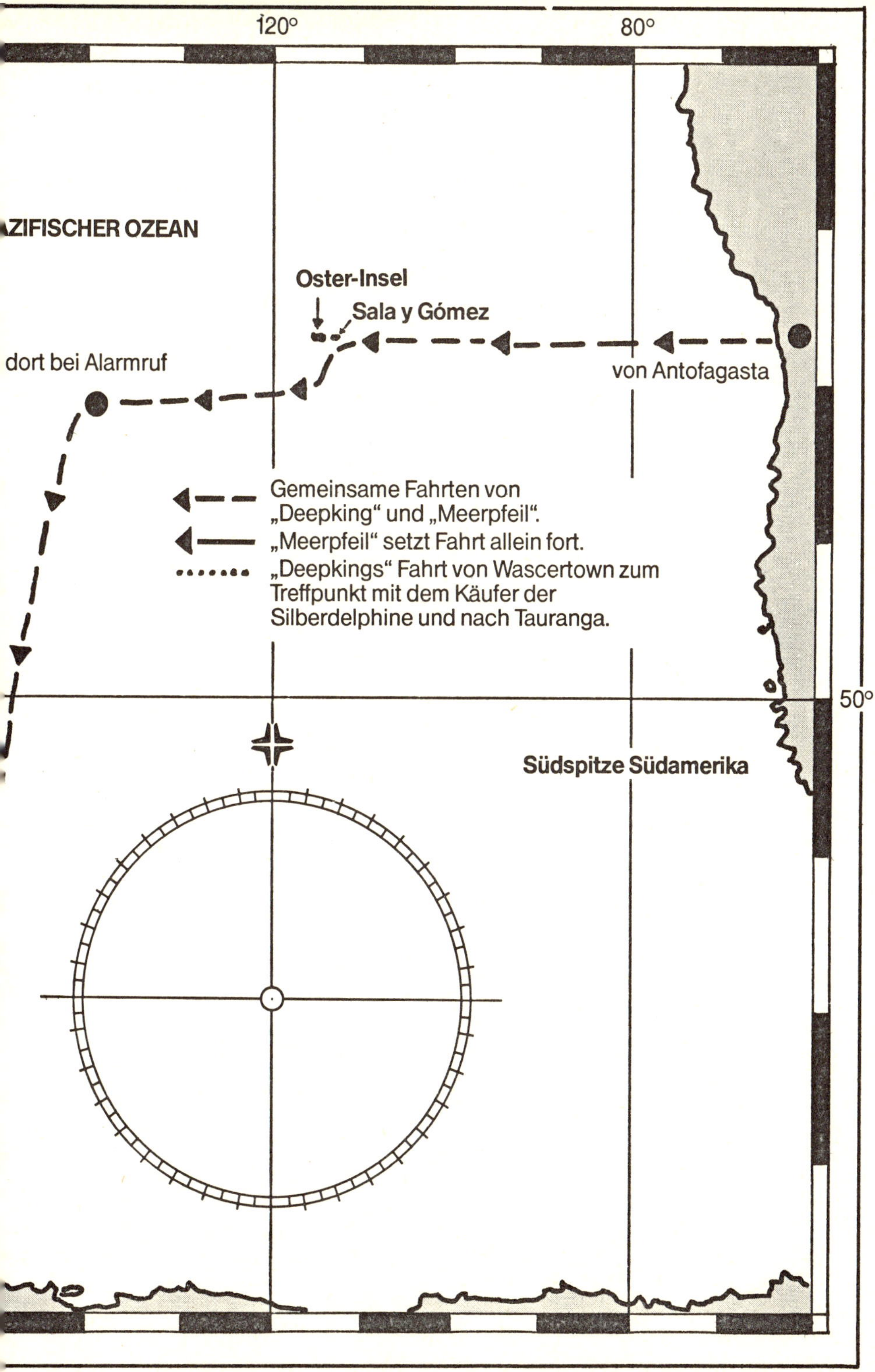
120°
80°
ZIFISCHER OZEAN
Oster-Insel
Sala y Gómez
dort bei Alarmruf
von Antofagasta
Gemeinsame Fahrten von „Deepking“ und „Meerpfeil“.
„Meerpfeil“ setzt Fahrt allein fort.
„Deepkings“ Fahrt von Wascertown zum Treffpunkt mit dem Käufer der Silberdelphine und nach Tauranga.
50°
Südspitze Südamerika

Eine Entführung

Das Tauchboot der Unterwasserstadt Wascertown, der „Dolphin Shorty", lag noch an der Pier fest, als sich Professor Dr. Dasjarks und seine junge Frau Mona die an Bord befindlichen Kopfhelme überstülpten, in denen Sender und Empfänger der Unterwassersprechverbindung zum Tauchboot untergebracht waren.

Gilbert Perrés, der Kommandant dieses Bootes, das dem konventionellen „Dolphin AG 555" nachempfunden war, jedoch nur 90 Tonnen Gewicht hatte und über acht Plätze verfügte, begrüßte die beiden Wissenschaftler mit einem Kopfnicken.

„Hast du die Wachstation für die Delphinstadt verständigt, Gilbert?" fragte Prof. Dasjarks und blickte den schmalgebauten, gutaussehenden Kapitän mit dem gepflegten Oberlippenbärtchen fragend an.

„Natürlich Professor, alles klar zur Inspektionsfahrt in die Stadt der weißen Delphine", erwiderte der Kommandant des Bootes. „Können wir ablegen?" fragte er mit einem Seitenblick auf die junge Frau, die noch vor kurzer Zeit Dr. Mona Gill hieß. Diese war eben bemüht, ihr schulterlanges blondes Haar unter die Kopfhaube zu zwängen.

„Wir warten schon darauf, daß du dich bewegst", erklärte die junge Frau, die auf den „Eierkopf" hereingefallen war, wie der Mitbewerber um ihre Gunst, Gilbert Perrés, mißgünstig behauptete. Eierkopf wurde Professor Dasjarks, der Naturwissenschaftler in Wascertown, wegen seine verblüffenden Kopfform genannt.

Der Kommandant schaltete die Bordscheinwerfer ein. Der „Dolphin Shorty“ begann kaum merklich zu zittern, als der Kernkraftmotor gestartet wurde. Die Halterungen fielen, und langsam setzte sich das Boot in der Schleusenkammer in Bewegung. Es wurde von Perrés auf den Anschlußstutzen mitten in der Schleusenkammer aufgesetzt und festgemacht. Als die Halterungen einrasteten, begannen die Pumpen zu arbeiten. Der Raum füllte sich mit Wasser. Durch die Ausblicke erkannten Mona und der Professor die Leuchten an den Wänden.

Kapitän Perrés blickte auf die Schalttafel des Kommandostandes. „Start frei!“ leuchtete eine grüne Tafel auf.

Ein Knopfdruck ließ „Dolphin Shorty“ von der Magnetverankerung freikommen. Mit kleiner Fahrt lief das Boot, das nur etwas mehr als sieben Meter lang war, nach vorn. Es überlief den Magnetstrahl in der Schwelle am Boden der Schleuse. Die Rutilstahltore öffneten sich. Das Tauchboot passierte den Ausgang und glitt nun mit kleiner Fahrt durch die freie See vor der Küste von Süd-Victorialand in jener Tiefe, in welcher auch Wascertown angelegt worden war: 183 Meter.

Nachdem sie die Wachstation passiert hatten und „Freie Fahrt“ signalisiert worden war, lief „Dolphin Shorty“ in den schmalen Kanal, der in das Felsengebirge eingeschnitten war, weiter. Die letzte Unterwasserboje am Rande des Schutzbereiches der Unterwasserstadt Wascertown zeigte „Grün“ an.

Kapitän Perrés ging jetzt auf 40 Knoten Fahrt und legte den direkten Kurs auf die Delphinstadt, die sie vor knapp einem Jahr gefunden hatten. Genauer: Eigentlich hatte die Crew des Überwachungsschiffes der Internationalen Meeresschutzbehörde die Hauptarbeit bei dieser Entdeckung geleistet und auch Ronald und Juliane Golff mit ihrem Delphin „Buffy“ waren dabeigewesen.

Auf Westkurs lief das Boot parallel zur Küste von Adélieland dahin. Als sie den Eingang zu der kleinen Querschlucht erreichten, wurden sie durch den Anruf aus der Wachstation gestoppt:

„Geben Sie das Codewort zum Passieren ein!“ hallte eine Stimme über den Lautsprecher der Bordfunkanlage.

„Barry L. Cannon!“ antwortete der Kommandant.

„Automatische Motorsperre gelöst, Passage frei!“ erklang wieder die Stimme des Wachhabenden, der hier im Auftrage des Internationalen Secretary of Defense Wachdienst versah. Diese Institution hatte unmittelbar nach der Entdeckung der Delphinstadt im Meer dieses Kleinod in seine Obhut genommen und als top-secret erklärt.

Das Boot glitt in die Querschlucht hinein, passierte die Kennboje, die es äußerlich abtastete und die Antriebsart feststellte, ehe auch sie grün gab.

„Immer dieses Affentheater!“ murrte der Kapitän. „Als ob es jemals einem Menschen gelingen könnte, hier einzudringen.“

„Hast du die Wasseratmer vergessen, die vor acht Wochen um ein Haar hereingekommen wären?“ erinnerte Professor Dasjarks den Freund.

„Das Loch in der Sicherungskette ist doch inzwischen gestopft“, erwiderte Perrés.

Sie erreichten jene Stelle, an der sich die beiden Wissenschaftler zum Ausschleusen fertigmachen mußten, weil von hier aus der weitere Weg nicht mit dem Tauchboot zu fahren war.

Mona und der Professor gingen in die achtere Schleusenkammer. Sie kontrollierten den elektronischen Atemgasgeber ihrer Atemgeräte und fanden ihn okay. Dann machten sie die Sprechprobe. Auch diese klappte auf Anhieb; damit waren sie für alle Fälle mit dem „Dolphin Shorty“ verbunden und konnten sich auch untereinander verständigen.

Der Professor öffnete das Ausstiegsluk und glitt hinaus. Mona folgte ihm auf dem Fuß. Ihre Spezialhelme waren sowohl mit Rundumlicht als auch mit Richtscheinwerfern ausgestattet. Damit konnten sie gut 20 Meter weit sehen.

Als sie sich in Bewegung setzten, kam aus der breiten Felsspalte, die sie voraus nur schemenhaft wahrnehmen konnten, ein heller Schatten herausgeflitzt und steuerte direkt auf sie zu.

„Das ist Silberpfeil!“ rief Mona und ihr Mann konnte die Freude hören, die in ihrer Stimme mitschwang.

Silberpfeil war so etwas wie der Wächter vor der Unterwasserstadt der Silberdelphine. Er schwamm direkt auf sie zu und noch ehe er sie erreichte, zwitscherte er bereits in schneller Abfolge los.

Mona schaltete den auf der Brust befestigten Transponder ein, den sie bereits für die Sprache der Silberdelphine entwickelt hatte. Als der Delphin geendet hatte, schwamm er bereits mit einer verblüffend raschen und geschickten Wende neben ihnen auf den Felsspalt zu. Professor Dasjarks betrachtete fasziniert die beiden Brustflossen. Sie sahen tatsächlich wie Hände aus.

Mona schaltete den Transponder, um nunmehr die Übersetzung in der für menschliche Ohren wahrnehmbaren Frequenz zu hören. Was sie vernahm, ließ ihren Herzschlag für einige Sekunden aussetzen.

„Um Himmelswillen!“ rief sie unterdrückt.

„Was ist los?“ fragte ihr Mann.

„Eine Entführung, Jens. Unbekannte haben zwei Silberdelphine entführt. Die Delphinmenschen rufen uns zur Hilfe.“

„Wer waren die Entführer? Weiß Silberpfeil etwas über sie?“

Mona schaltete auf Senden, damit die Schwingungszahl ihrer Stimme auf die notwendige Höhe kam und stellte ihre Frage: „Wer war es? Wißt ihr etwas?“

Sofort begann Silberpfeil wieder zu schnattern. Mona fing diese Meldung auf und übersetzte sie ihrem Mann:

„Es waren vier Männer, von denen drei Wasser atmeten, während der vierte ein modernes Tauchgerät im geschlossenen Kreislauf trug. Sie haben die beiden Delphine mit einem Elektronetz entführt, als diese frei vor der Stadt schwammen. Ein dritter Delphin ist ihnen gefolgt und hat sie bis zu einer anderen Unterwasserstadt verfolgen können."

„Das gibt es doch nicht!" rief der Professor. „Wir haben alles Meter um Meter abgesucht und elektronisch abgehorcht. Es gibt hier im Umkreis von 50 Seemeilen keine andere Unterwasserstadt, das kannst du mir glauben, Mona."

„Ich werde Silberpfeil gleich fragen, wenn wir in der Stadt sind", erklärte Mona.

Sie schwammen gerade durch den Engpaß, der jedem Unterwasserboot Halt gebot. Wieder war Mona verblüfft darüber, daß die Seitenwände aus riesigen Steinquadern bestanden, die mörtellos aufeinandergewuchtet schienen.

Als sie diese Engstelle hinter sich hatten, befanden sie sich im „Amphitheater", einer kreisrunden Höhle, die Ronald Golff bei dem ersten Besuch vor fast einem Jahr so genannt hatte. Die Lichtquelle, die diese Höhle mit indirektem Licht erfüllte, war ihnen noch immer nicht bekannt. Sie wirkte wie Mondlicht.

Am jenseitigen Rand der 40 Meter im Durchmesser großen Unterwasserhöhle sahen sie die kleine helle Öffnung des Einganges in die Delphin-Stadt. Und hinter dem „Tor" empfing sie das seltsame Licht, das aus den Wänden zu sprühen schien, die den Tunnel zur Stadt bildeten. Fünfzig Meter weiter – Silberpfeil war vorausgeschwommen – öffnete sich der Tunnel und nun befanden sie sich mitten in der Unterwasserstadt der Delphine.

Sie sahen ein Gewirr unterirdischer Grotten, die von Felsgestein umgeben und scheinbar überwachsen waren. An den Grotteneingängen waren seltsame leuchtende Zeichen angebracht. Noch immer bemühte sich Professor Waters, der wissenschaftliche Leiter von Wascertown, um die Klärung dieser Zeichen, die auch die Silberdelphine offenbar nicht mehr kannten.

Durch die mittlere Grotte folgten sie Silberpfeil in eine riesige Unterwasserhalle aus mächtigen Säulenquadern, die die Decke der Halle aus gewachsenem Fels zu stützen schienen.

Auf der großen, glattpolierten Steinplatte in der Mitte der Halle sahen sie bereits die beiden alten Silberdelphine, die offenbar die Herrschaft in der Unterwasserstadt innehatten. Mona schwamm auf sie zu, ihr Mann folgte ihr. Auch jetzt wieder packte Mona die Begeisterung, als sie diese prächtigen Delphine sah, welche die absoluten Herrscher in der Unterwasserstadt waren. Immer mehr Delphine kamen aus den Grotten heraus und umschwammen den Professor und seine Frau, so als wollten sie einen Reigen aufführen. Ihr Stimmengewirr war unbeschreiblich und Mona versuchte gar nicht erst, dieses Durcheinander aufzunehmen.

Plötzlich stießen die beiden alten Delphine, die mindestens doppelt so groß waren wie alle übrigen, einige Pfeif- und Schnalzlaute aus. Sofort war alles so still, daß man das Glucksen des bewegten Wassers an den Felswänden im Hintergrund hören konnte.

Von mindestens 20 Silberdelphinen flankiert standen Mona und ihr Mann auf der Stelle. Die Delphine kamen dicht an die junge Frau heran, so daß sie sie berühren konnte. Einige streckten ihre Hände nach Mona und ihrem Begleiter aus, und wie beim ersten Male durchfuhr Mona die Erkenntnis, daß dies möglicherweise die Vorgänger der Menschen auf der Erde waren, daß die Vergangenheit der Menschheit im Meer gelegen haben könnte und daß sie sich wieder anschickten, in ihre Heimat zurückzukehren, um Raum auf diesem Wasserplaneten zu gewinnen für die auf 8 Milliarden angewachsene Menschheit des Planeten Erde.

Was waren dies für Wesen? Welche Laune der Natur hatte ihnen menschliche Hände und die Körper von Delphinen gegeben? Oder waren sie gar keine Laune der Natur, sondern das, was die Menschheit gewesen war, ehe sie an Land kam?

Der rechts in seiner Vertiefung liegende Delphin, begann zu sprechen. Mona hatte den Transponder bereits geschaltet und nahm die Worte auf, die sie mit ihrem menschlichen Gehör nur als hohe und schrille Laute ohne Sinn wahrnahm. Dennoch waren es Mitteilungen, wie sie wußte, seitdem auf der Marineschule in Point Mugu in Kalifornien Delphine mittels eines Voice-Decoders befragt worden waren und Antwort gegeben hatten.

Als sie alles aufgenommen hatte, nickte sie ihrem Mann zu. Dieser schaltete auf Empfang und Mona hörte die Mitteilungen des riesigen Silberdelphins.

„Zwei unserer Kinder wurden von Unterwasserbanditen entführt", übersetzte sie. „Es waren vier Männer eurer Rasse, von denen drei Wasser atmeten. Einer trug ein Atemgerät mit geschlossenem Kreislauf auf dem Rücken, wie ihr. Sie haben unsere Kinder mit einem Elektronetz gefangen und weggeführt. Wir bitten um eure Hilfe, denn wir können ihnen nicht folgen."

Mona schaltete auf Sprechen und gab in der Zwischensprache, die sie nach den vorgefundenen Unterlagen und an praktischen Beispielen weiterentwickelt hatte, die Antwort:

„Wir werden alles tun, um die beiden Delphine zu befreien. Wer kann uns Auskunft geben, wohin sich die Unterwasserbanditen gewandt haben?"

Der Delphin, der sie vor der Unterwasserstadt in Empfang genommen hatte, schwamm zu ihnen vor. Seine Nase war keinen Meter vom Sichtfenster von Monas Helm entfernt, als er zu sprechen begann:

„Ich zeige euch den Weg zum Unterwasserschlupfwinkel der Banditen. Sie haben es auf unsere Gold- und Uranschätze abgesehen und sich in die verlassene Stadt unserer Vorfahren zurückgezogen."

Mona war förmlich elektrisiert. Nun war es Gewißheit: Es existierte noch eine Unterwasserstadt und sie gehörte zum alten Reich der Delphinmenschen, auf das Professor Waters Hinweise in den Unterlagen gefunden hatte, die er von den Silberdelphinen bekommen hatte. Offenbar war sie von diesen aus irgendeinem Grunde verlassen worden.

„Kannst du uns dorthin führen?" fragte Mona den Delphin.

„Ich werde euch führen. Aber Vorsicht, sie haben elektrische Fallen errichtet!" warnte Silberpfeil.

Nun wandte sich Mona wieder an die beiden alten Delphine.

„Was könnt ihr uns über diese alte Stadt sagen? Gibt es noch mehrere Eingänge, um dort hineinzukommen?"

„Es gibt zwei Eingänge! Der Haupteingang liegt in 210 Meter Tiefe. Der Nebeneingang ist ein sehr steiler, fast senkrechter Vulkanschlot. Er ist sehr schmal und nur ein Delphin kann hindurchgelangen. Außerdem wurde er aufgesprengt und ist verseucht."

In Professor Dasjarks Gehirn klingelte ein Alarmsignal.

„Dann können wir diesen Eingang nicht benutzen?"

„Unter keinen Umständen", antwortete der Herrscher der Delphinstadt.

„Wir werden sofort zum ungefährlichen Haupteingang schwimmen", erklärte Mona. „Aber wir müssen unser Tieftauchboot dorthin dirigieren, damit es die Stromsperren außer Kraft setzt."

Der alte Silberdelphin deutete auf die Seitenwand, auf der plötzlich reliefartig die Unterwasserlandschaft der Umgebung der Unterwasserstadt aufleuchtete. Sie sahen den Weg, den sie schwimmen mußten und auch jenen, den der „Dolphin Shorty" zurücklegen mußte, um auf sie zu stoßen.

„Mona an ‚Dolphin Shorty', kommen!" rief die junge Frau auf der Gegensprechanlage das Boot. Kommandant Perrés meldete sich umgehend.

„Was ist los? Ihr solltet jetzt schon zurück sein, ich wollte gerade unseren Taucher Balatonay schicken."

„Laß ihn an Bord, wir schwimmen jetzt weiter in Richtung Südwesten; auf Punkt Dora Cäsar 12 treffen wir uns. Dort erhältst du nähere Weisungen."

„Verstanden: Punkt Dora Cäsar 12, over."

Mona und Jens Dasjarks verabschiedeten sich von den Delphinherrschern und schwammen hinter dem führenden Silberpfeil her zum Ausgang zurück. Sie wußten seit ihrem ersten selbständigen Besuch im Reich der Silberdelphine, daß es Schleusentore gab, die sich öffneten, wenn der führende Delphin ein bestimmtes Codewort ausstieß und die verschlossen blieben, wenn sie allein kamen. Das gehörte zum Sicherungssystem des Reiches der Delphinmenschen.

Nach zehn Minuten zügigen Schwimmens hatten sie den Treffpunkt erreicht. Silberpfeil folgte ihnen mühelos und umschwamm sie dabei immer wieder sichernd, weil dies das Gebiet einer bestimmten Art von Unterwasserschlangen war, deren Biß tödlich wirkte.

Sie stießen hier auf den „Dolphin Shorty" und Mona instruierte den Kommandanten, ihnen dichtauf zu folgen und mit der elektronischen Meßsonde den Weg abzutasten, zu sichern, und notfalls durch Ausschaltung von vorhandenen Sperrstromkreisen freizumachen.

Silberpfeil flitzte vor ihnen her. Es ging in 210 Meter Tiefe hinunter und um mehrere Felsenvorsprünge herum. Dann stieß der Delphin in eine Felsspalte vor; Sekunden darauf kam er zurück und schnatterte aufgeregt.

„Hier befindet sich die erste Sperre", übersetzte Mona. Sie wandte sich an den Kommandanten des „Dolphin Shorty": „Komm näher heran, versuche die Stromstärke der Sperre zu messen und sie auszuschalten!"

„Sofort", rief Gilbert Perrés zurück.

Das Boot glitt langsam nach vorn, sein Bug richtete sich genau auf die Felsspalte. Der eingeschaltete Sensor zeigte dem Kommandanten, daß die Sperre ziemlich stark war. Aber er konnte sie ausschalten.

„Ich setze jetzt die Sperre außer Betrieb!“ rief Perrés den wartenden Freunden zu und schaltete die Laserkanone auf die Felsspalte.

Mit dem Abschuß sprang der Zeiger des Sensors auf Null.

„Stromsperre ausgeschaltet und ...“ Der Kommandant brach mitten im Satz ab, denn mit einem lauten Knall sprang der Sicherungsschalter des Antriebsmotors heraus. Während Perrés noch fieberhaft bemüht war, den Schaden zu lokalisieren, ertönte über die Sprechverbindung eine dumpfe, gutturale Stimme:

„Lightning an ‚Dolphin Shorty‘: Sie haben unerlaubt unser Revier betreten. Deshalb haben wir Ihren Hauptantrieb ausgeschaltet. Sie können mit ihrem Hilfsaggregat drehen und ablaufen. Sobald Sie in drei Meilen Distanz gelaufen sind, wird die Sperre Ihres Hauptmotors wieder aufgehoben. Und nun verschwinden Sie, ehe ich es mir anders überlege.“

Mit dem ersten Wort des Unbekannten hatte Kapitän Perrés das Bandgerät eingeschaltet, wie dies Vorschrift für die Logbucheintragungen war, die sämtlich auf Band gemacht wurden.

„‚Dolphin Shorty‘ an Lightning, hören Sie, ich werde ...“

Doch was er tun wollte, konnte Perrés dem Unbekannten, der sich Lightning nannte, nicht mehr sagen, denn der hatte bereits ausgeschaltet.

Der Hilfsmotor sprang sofort an und hielt die langsame Abdrift des „Dolphin Shorty“ auf. Das Tieftauchboot drehte und lief in kleiner Fahrt zurück.

„Was ist los, Gilbert? Warum drehen Sie?“ rief Professor Dasjarks.

„Wir müssen abdrehen, werden von einem gewissen Lightning gestört. Hauptmotor ist ausgefallen, wahrscheinlich von Lightning außer Betrieb gesetzt. Wir kehren zur Basis zurück. Kommt so rasch wie möglich an Bord.“

Mona und Jens schwammen in Richtung Tieftauchboot, das sich so langsam vorwärtsbewegte, daß sie es einholen konnten. Silberpfeil folgte ihnen schnatternd.

Mona wandte sich an den Silberdelphin, dessen aufgeregte Laute sie auf das Band des Transponders genommen hatte.

„Wir holen Hilfe! Du schwimmst zu deinen Leuten zurück. Wir kommen wieder und werden Eure Kinder befreien", ließ Mona den Silberdelphin wissen, ohne allerdings selbst zu wissen, wie sie das durchführen würden.

Der Delphin antwortete etwas, dann drehte er ab und war binnen weniger Sekunden, wie ein Torpedo vorwärtsschnellend, ihren Blicken entschwunden.

Der „Dolphin Shorty" stoppte seine Fahrt. Hydraulisch wurde die Einstiegsleiter ausgefahren, über die die beiden Taucher an Bord und in die Schleusenkammer gelangen konnten. Hier erhielten sie ihre Spritze für die Schnelldekompression und nach zehn Minuten, während derer sie sich auf die Normalatmosphäre im Boot einstellen konnten, verließen sie durch das obere Luk die Schleuse.

„Was war denn hier los?" fragte Mona den Kommandanten, als das Boot wieder kleine Fahrt aufgenommen hatte.

„Unser Hauptantrieb wurde durch starke Außenstrahlung außer Betrieb gesetzt. Ein Kerl namens Lightning hat mir ein Ultimatum gestellt und es sah ganz so aus, als hätte er es in der Hand gehabt, uns zu den Fischen zu schicken. Die Strahlungsintensität, die unsere Sensoren gemessen haben, war größer, als unsere Gegenkraft."

„Und was ist mit dem Hauptantrieb?"

Kapitän Perrés fragte den Leitenden Ingenieur.

„Keine Schäden festzustellen. Die Magneten und Schaltungen sind auf ‚aus' geschaltet und können nicht von der Stelle bewegt werden", meldete dieser.

„Wir sollen nach drei Meilen wieder vollen Saft haben", erklärte Gilbert.

Als das Boot die Dreimeilendistanz hinter sich gebracht hatte, ließen sich Schalter und Schaltknöpfe wieder betätigen. Der Hauptmotor sprang an und der „Dolphin Shorty“ lief mit großer Fahrt nach Wascertown zurück.

Diesmal hatten Mona und Jens Dasjarks keinen Blick für die kunstvoll angelegten Leuchtwesen, die das Halbrund des ehemaligen Vulkankraters bedeckten. Die vom oberen Rand des Kraters in hellen, flimmernden Kaskaden herunterperlenden Lichterschwärme, die irgendwo unten auf dem Grund des Kegels verglühten, interessierten sie nicht. Nur eines wollten sie: so rasch wie möglich nach Wascertown zurückkehren und Meldung machen.

Die Leuchtbaken flitzten vorbei, als Gilbert das Boot sehr rasch in die Einfahrt steuerte, die zum Glück frei war. Sie liefen in die Schleuse hinein, legten an der Pier an und die Rutil-Greifarme hielten das Tauchboot hier fest, während sich hinter ihnen die Schleusentür schloß und das Wasser ablief, bis die normale Höhe erreicht war.

An der Stirnwand leuchtete ein riesiges Schild auf:

AUSSTIEG FREI – ATMOSPHÄRE NORMAL (78 Raumteile Stickstoff, 20 Raumteile Sauerstoff, 1 Raumteil Argon).

„Hier, nehmt die Kassette mit!“ sagte der Kommandant, als sie das Boot verließen. „Ich habe die Stimme von Lightning aufgenommen. Vielleicht läßt sich daraus mittels der Computeranalyse etwas machen.“

„Fein, Gilbert, das war klug von dir!“ sagte Mona anerkennend.

„Ich bin immer so ein kluges Kerlchen“, meinte der Franzose und strich sich geschmeichelt über das Oberlippenbärtchen.

Mona und Jens verließen das Boot und ließen sich sofort bei Commander Jones, dem Sicherheitschef von Wascertown, melden.

Mona berichtete von der erschreckenden Mitteilung, die

ihnen die Silberdelphine gemacht hatten und dann legte sie das Tonband vor, das Gilbert von der Stimme des Lightning aufgenommen hatte.

Commander Jones unterbrach die Vortragende mit keinem Wort. Als Mona ihren Bericht beendet hatte, ging der Sicherheitschef mit drei langen Schritten zum Computer hinüber und speiste den Namen „Lightning" ein. Eine Reihe von Karten wurde ausgeworfen. Die ersten konnte er mühelos aussondern. Dann kam eine Karte, auf der „Lightning – Blitz – Molnija" stand, womit die alten sowjetischen Satelliten für Fernsehsendungen zwischen Moskau und Wladiwostok bezeichnet wurden. Aber auch diese Karte erschien dem Sicherheitschef unbedeutend. Dann pfiff er schrill durch die Zähne.

„Haben Sie etwas gefunden, Commander?" fragte der Professor.

„Sieht so aus! Lightning – Deckname für Joseph Marzetti, ‚der Blitz' oder auch ‚Kugelblitz' genannt. Vor zwei Jahren von der Internationalen Meeresschutzbehörde wegen Meeresverunreinigung zur Herausgabe eines Unterwasserfahrzeuges und Zahlung von 100.000 Dollar Buße verurteilt. Stand unter Anklage wegen Fischgift- und Drogenschmuggels. Wurde freigesprochen mangels Beweisen."

„Wenn er vor Gericht stand, dann haben wir auch seine Stimme", fiel Mona ein. „Wir müßten sie via Satellit Hval I aus Washington einspielen lassen und hätten damit eine echte Vergleichsmöglichkeit."

„Ausgezeichnet, Mona! Das werde ich sofort veranlassen." Commander Jones stellte den Abrufschalter von Hval I, der über der Antarktis stand, und forderte über den Computer die Stimme von Lightning aus Washington an.

Die Relaisschaltungen arbeiteten und drei Minuten darauf spielte Hval I die Stimme von Lightning vor Gericht in Washington ab, die auf Band aufgenommen wurde.

Als sie unmittelbar danach das Tonband abspielten, das

Gilbert von dem Unbekannten gemacht hatte, wußten sie nach den ersten Worten, daß es in beiden Fällen dieselbe Stimme war.

„Das wäre es! Damit ist Lightning ein Fall für die Internationale Meeresschutzbehörde. Dies hier ist eine Nummer zu groß für uns. Wir haben schließlich noch andere Aufgaben."

„Fragen Sie ab, wer in der Nähe ist", bat Dr. Mona Dasjarks den Commander.

Commander Jones gab die Frage ein und nach Sekunden hatte er die Standorte der beiden Patrouillenfahrzeuge der Internationalen Meeresschutzbehörde, die in Frage kommen würden.

Sie traten an die Karte des Gebietes der Antarktis. Jones drückte die Taste des Schaltpultes, auf der ein großes „B" stand. Auf der Tasman-See zwischen Südostaustralien und Neuseeland leuchtete ein blauer Punkt auf, der sich unmerklich nach Osten bewegte.

„Hier operiert die ‚Bluebelle' mit Captain Gontschorow. Ein guter und energischer Mann." Schon glitt das Leuchtzeichen, das er durch Knopfdruck bewegen konnte, über Neuseeland hinweg nach Osten und blieb mitten im südpazifischen Becken stehen.

„Dort steht der ‚Meerpfeil' unter Commander Dr. Golff."

„Stop, Commander! Keine weiteren Überlegungen mehr, der ‚Meerpfeil' muß her!" sagte Mona energisch.

„Gefällt Ihnen Commander Dr. Golff so gut?" scherzte Jones und zwinkerte dem Professor heimlich zu.

„Quatsch, aber der ‚Meerpfeil' hat uns damals geholfen, das Reich der Delphinmenschen zu finden. Sie haben Buffy und Tuffy an Bord, den normalen und den Silberdelphin, die es geschafft haben, den ‚Meerpfeil' vor der Küste von Südwestafrika zu finden, als sie uns hier ausbüchsten. Ich denke, daß Buffy und Tuffy uns viel helfen könnten."

„Dann also der ‚Meerpfeil'!" entschied Commander Jones. „Ich werde ihn sofort rufen."

Auf dem „Meerpfeil“ unterwegs

Mit mittlerer Marschfahrt von 45 Knoten lief der „Meerpfeil“, das schnittige weiße Schiff der Internationalen Meeresschutzbehörde, durch die See nach Westnordwesten. Sein Ziel waren die Macauley-Inseln auf 30 Grad Süd und 180 Grad Ost.

Commander Dr. Alec Golff, der Befehlshaber des „Meerpfeils“ und der beiden Tauchboote, die diesem großen Überwasserschiff beigegeben waren, hatte Weisung erhalten, den von der winzigen Forschungsstation auf Sala y Gómez abgeholten „Wetterfrosch“ Dr. Eugenio de Valella zu seinem neuen Job nach Macauley zu bringen.

In Antofagasta waren Ronald und Juliane Golff an Bord gekommen, um auch diese Collegeferien wieder auf See und an Bord des „Meerpfeils“ bei ihrem Vater zu verbringen. Von Sala y Gómez aus hatten die Geschwister auch die nahegelegene Osterinsel besucht, wo Ronald vier Farbfilme „verbraten“ hatte, um die sagenhaften Steinfiguren und -male zu fotografieren und in der Collegezeitung darüber zu berichten.

Während der „Meerpfeil“ beinahe geräuschlos und ohne Lageveränderung die See durchfurchte, hockten Ronald und seine Schwester Juliane auf dem Achterdeck auf einer am Bassin für die Delphine stehenden Kiste, in der Schwimmwesten untergebracht waren.

Buffy und Tuffy schwammen träge umeinander her und versuchten sich in einigen Tricks, die sie von Juliane neu hinzugelernt hatten. Sie riefen Juliane einige schnatternde Aufforderungen zu, ins Wasser zu kommen und mit ihnen zu spielen, aber im Moment hingen die Blicke der beiden wie gebannt an Eugenio, wie sie den jungen Wissenschaftler nennen durften.

Der Meteorologe war richtig in Fahrt gekommen, als Ronald ihn auf sein Steckenpferd hin angesprochen hatte:

„Können Sie sich erklären, wie die Ta'u-Schrift auf der Osterinsel in Gebrauch gekommen ist?"

Der junge Wetterfrosch, wie Ronald den Wissenschaftler respektlos nannte, wiegte zweifelnd den Kopf.

„Sicherlich wißt ihr, daß die Osterinsel die einzige Insel Polynesiens ist, auf der man überhaupt eine Schrift gekannt hat. Die ersten Missionare, die die Insel erreichten, fanden diese auf Holztafeln geschriebene Schrift vor. Sie hörten von den Eingeborenen Lieder, deren Texte auf solchen Holztafeln standen, aber keiner der lebenden Polynesier konnte die hieroglyphenhaften Zeichen lesen.

Es war Theodor Haussen, der sich ab 1868 mit dieser Schrift beschäftigte und vier Tafeln abschrieb. Aber diese Hieroglyphen waren *nicht* die Zeichen der Ta'u-Schrift. Die wurde erst von der Engländerin Scoresby Routledge 1914 entziffert, die auch ihren Zusammenhang mit südindischen und südchinesischen Schriften erkannte."

„Waren Sie oft auf der Osterinsel, Eugenio?" fragte Juliane und drehte sich auf die Seite, um sich von der Sonne bescheinen zu lassen.

„Ich war in dem halben Jahr, während ich auf Sala y Gómez arbeitete, mindestens 30mal auf der Osterinsel, denn dort hatten wir auch einige meteorologische Geräte zu überwachen."

„Und was ist mit den riesigen Statuen aus schwarzem Tuffstein? Stammen sie von den Menschen, die heute dort leben, und wie haben sie diese riesigen Figuren machen können?"

„Die um 1125 auf die Osterinsel gelangenden Polynesier,

die von den Marquesas-Inseln und aus Mangareva kamen, fanden diese Figuren bereits vor. Sie wurden von unbekannten Vorfahren dieser Neubewohner der Insel geschaffen. Jene unbekannten Menschen beteten eine Vogelgottheit an."

Eugenio brach abrupt ab, denn plötzlich war ein gewaltiger krachender Doppelschlag zu hören, und eine Sekunde später wurden die drei Menschen am Delphinbassin von einem Wasserschwall überschüttet. Emporfahrend sahen sie, daß die beiden Delphine Buffy und Tuffy sie mit geschickten Schlägen ihrer Schwanzfluken gebadet hatten. Jetzt, da sie die Aufmerksamkeit aller auf sich gelenkt hatten, schnellten sie aus dem Wasser empor, um, scheinbar auf den Schwanzflossen tanzend, senkrecht über dem Wasser zu schweben. Dabei schnatterten sie wild durcheinander und schienen die drei Menschen offensichtlich auszulachen.

„Wartet nur, ihr Bösewichter!" rief Juliane. Sie griff nach ihrer Badekappe, zwängte ihr Haar darunter und schnellte mit einem Hechtsprung ins Wasser.

Sie schwamm unter Wasser, bis sie Buffy, den großen sprechenden Delphin erreicht hatte, den sie aus der Delphinschule in Point Mugu gewissermaßen als Helfer erhalten hatten. Bei Buffy angekommen, tauchte Juliane dicht neben dem Delphin auf und schwang sich geschickt auf dessen Rücken.

„Hinterhältiger Schuft!" rief sie Buffy zu, der den Kopf wandte und sie mit seinen kleinen blinzelnden Augen anblinkerte, während er schon mit D-Zug-Geschwindigkeit durch das Becken glitt, am jenseitigen Ende mit einem Salto drehte und Juliane von seinem Rücken herunterwarf.

Tuffy, der Silberdelphin, der Buffy aus freien Stücken aus der Unterwasserstadt der Delphine gefolgt war, schwamm zu dem Mädchen hinüber und spritzte es naß, indem er mit seinen handartigen Flossen richtiggehend Wasser schöpfte.

Er ergriff Julianes linke Hand, und schon war Buffy auf ihrer rechten Seite und streckte seine Brustflosse aus, die Juliane ergriff. Nun hing das Mädchen zwischen den beiden Delphinen, die mit ihr mehrere Runden durch das Bassin schwammen; der Wetterfrosch klatschte begeistert in die Hände.

„Ich habe ja schon Wunderdinge von euch und euren Delphinen gehört“, sagte Dr. Valella, „aber ich glaubte diesen Storys nicht. Und das, was ich jetzt sehe, ist auch nicht zu glauben, wenn man nicht selbst dabei ist. Nur daß du dich mit ihnen sprechend verständigen kannst, halte ich für eine Zeitungsente. Sprechen ist doch ein wenig zuviel gesagt für dieses wirre Geschnatter.“

„Das würde ich nicht sagen, Eugenio“, warnte Ronald. „Wollen wir wetten, daß Juliane ihren Delphinen einen Befehl gibt, den sie sofort ausführen?“

Juliane war am jenseitigen Beckenrand aus dem Wasser geglitten und hatte den dort auf der Bank liegenden Voice Decoder ergriffen und umgehängt. Sie drehte den Transponder auf Sprechen und rief ihren Delphinen etwas zu, das sich genauso anhörte wie deren Sprache.

„Würden Sie bitte zu mir kommen, Eugenio?“ fragte das Mädchen den jungen Wissenschaftler, der noch nicht genau über die Praktiken Bescheid wußte, derer sich die beiden Golffs bedienten, wenn sie jemanden hereinlegen wollten.

„Ich an Ihrer Stelle wäre vorsichtig, Doktor!“ rief von dem Mittelsteg aus, der das Becken für das Tieftauchboot „Deepking“ überspannte, ein breiter, wuchtiger Mann mit einem wirren, mächtigen Bart und ebensolchem gekräuselten, Kopfschmuck.

„Danke, Kapitän Leukas, sehr liebenswürdig, daß Sie mich warnen, aber ich werde schon aufpassen“, erwiderte der junge Italiener und ging zu Juliane hinüber. Diese dirigierte ihn unmerklich so, daß der in schneeweißen frischgebügelten Hosen und ebensolchem Hemd steckende Eugenio mit dem Rücken zum Wasser und dicht am Beckenrand stand.

„Also, was wollen Sie den Delphinen befehlen?“ fragte der Wetterfrosch.

Juliane sprach etwas in den Vocoder, und als sich Eugenio eben umdrehen wollte, rauschte es hinter ihm auf, und herumwirbelnd sah er in Augenhöhe die beiden lachenden Gesichter der Delphine, die ihn ergriffen und ins Wasser zogen.

Er war eben eingetaucht, als er sich auch schon angehoben fühlte und im Eilzugstempo zum anderen Beckenrand geschleppt wurde, wo die Delphine ihn losließen, kräftig untertauchten und dann geschmeidig und rasch zum anderen Beckenrand zurückkehrten, wo Juliane ihnen aus dem bereitstehenden Atzungseimer, den Shorty gerade gebracht hatte, ein paar Fische zuwarf.

Eugenio kletterte aus dem Wasser, lief um den hinteren Beckenrand herum und erreichte Juliane.

„Haben sie deinen Befehl befolgt“, fragte er, „oder war es nur Zufall?“

„Die beiden haben den heimtückischen Befehl dieses Mädchens befolgt“, erklärte Kapitän Leukas, der Kommandant des „Deepking“, den sie wegen seiner verblüffenden Ähnlichkeit mit Bildern des alten, sich in der Welt umhertreibenden griechischen Abenteurers „Odysseus“ nannten.

„Also ich gebe mich geschlagen!“

„An Ihrer Stelle würde ich mich rasch umkleiden, der Boß will uns alle in zehn Minuten im großen Besprechungsraum sehen“, ließ sich Kapitän Leukas vernehmen.

„Liegt etwas Besonderes an?“ fragte Ronald.

„Ja, eine Überraschung!“ erklärte der Kommandant des schnellen U-Bootes, der seinerzeit an der griechischen Mittelmeerküste als kleiner Junge nach Schwämmen getaucht war, ehe das Schwammfischen verboten worden war.

„Mir werden Sie es doch sagen, Onkel Leukas?“ sagte Juliane und blickte den Seebären mit schräggelegtem Kopf und einem schelmischen Lächeln an. Der Kapitän schüttelte den Kopf, daß sein Haupthaar flog.

„Nichts zu machen! Die Überraschung soll dein Vater dir und Ronald selber sagen!"

„Richtig, Kapitän Leukas, lassen Sie Juliane auf Granit beißen. Sie darf nicht denken, daß sie alle Menschen mit ihrem hirnrissigen Grinsen bezirzen kann", rief Ronald und grinste mindestens ebenso „hirnrissig".

„Keine Angst, Ronald. Und wenn du mich jetzt aushorchen willst, muß ich dir sagen, daß auch deine Anspielung auf das Zusammenhalten der Männer nicht ziehen wird. Diesmal bekommt ihr beide keinen Stich, ist das klar? Und wenn ihr als Zaungäste mit dabei sein wollt, dann solltet ihr euch auch in gesittete Menschen zurückverwandeln und nicht wie Grillhühnchen in Shorts und sonst nichts auftauchen. Euer Vater legt großen Wert auf Etikette."

„Wem sagst du das, Onkel Leukas", sagte Juliane und seufzte.

Die beiden Golff-Kinder, die mit ihren 14 und 16 Jahren eigentlich bereits erwachsen waren, rannten zu den Kabinen, die hier beiderseits des Bassins der Delphine auf Deck standen. Sie duschten und zogen sich rasch um.

Mit einem Blick überschaute Commander Dr. Golff den Besprechungstisch, dessen längliches Oval voll besetzt war. An der einen Längsseite saßen der Tauchingenieur des „Deepking" Hanns Helms, der Nautiker und Nachrichtenmann an Bord des „Meerpfeils" Dr. James Mitchener und der Bordarzt Dr. Bruce Wallace, der bereits eine Fahrt zuviel machte, aber noch an Bord geblieben war, weil sein Nachfolger sich irgendwo in der Antarktis auf einer der Stationen Erfrierungen der rechten Hand zugezogen hatte und erst behandelt werden mußte.

Die andere Längsseite des Tisches wurde von Kapitän Spiridon Leukas, dem 1. Offizier des „Meerpfeils" Lieutenant Commander Shellburn und dem „Wetterfrosch" Dr. Valella eingenommen.

Wie immer am Kopfende, hinter dem Kommandostand des Tisches, der Befehlshaber dieser Einheit der Internationalen Meeresschutzbehörde, Commander Dr. Alec Golff, mittelblond mit hellblauen Augen und wettergegerbtem Gesicht.

Direkt neben jedem der Männer stand ein Monitor, auf dem alle Fakten, die computermäßig gesteuert werden konnten, sichtbar gemacht wurden.

Im Hintergrund auf einer Wandbank mit Lederpolster hockten Ronald und Juliane und blickten ihren Vater gespannt an. Dieser schaute auf die Uhr. Als der Zeiger die volle Stunde anzeigte, eröffnete er die Lagebesprechung:

„Meine Herren, wir können den Weg nach Macauley nicht fortsetzen und demzufolge Sie, Dr. Valella, nicht dort von Bord geben, weil wir einen neuen Auftrag erhalten haben, der von höchster Dringlichkeit ist."

Als Juliane einen enttäuschten Seufzer ausstieß, mußten die Offiziere ein Schmunzeln unterdrücken, denn solche Mißfallensäußerungen waren mehr als selten in dieser Runde, wo es darauf ankam, Disziplin zu halten und sich voll auf das eigene Aufgabengebiet zu konzentrieren.

„Ich denke, daß wir diesen unartikulierten Einwurf nicht behandeln müssen", fuhr Commander Golff fort, was Ronald zu einem Schmunzeln veranlaßte und Juliane dazu brachte, ihrem Bruder gegen das Schienbein zu treten.

„Um sogleich in medias res zu gehen: Wir haben einen Alarmruf erhalten und werden in genau 10 Minuten auf Südkurs drehen und mit Höchstfahrt die Südpazifische Schwelle auf 135 Grad Ost-Süd steuernd passieren. In Höhe des südlichen Polarkreises drehen wir auf Westkurs, um unser Einsatzziel auf kurzem Wege zu erreichen."

Der Commander betätigte die Schaltung für die Leuchtwand, deren ganze Breite nunmehr von dem Seekartenausschnitt bedeckt wurde, über den der Commander soeben sprach. Ronald stieß einen scharfen Pfiff aus.

„Sieh dir das an, Schwesterherz!“ rief er halblaut, „dieser Kurs führt doch schnurgerade nach Wascertown!“

Juliane wollte es noch nicht glauben, aber die folgenden Worte ihres Vaters sagten ihr, daß Ronald richtig geschaltet hatte und daß sie binnen kurzem dorthin zurückkehren würden, von wo aus sie in das Reich der Delphinmenschen eingedrungen waren und eines der packendsten Abenteuer ihrer Reisen mit dem „Meerpfeil“ erlebt hatten.

„Aus Wascertown erreichte uns der Hilferuf von Commander Jones. Zwei Silberdelphine sind von Unterwasserbanditen entführt worden, und zwar von einem gewissen Lightning.“

Dr. Mitchener drückte den Sprechknopf. Das grüne Lämpchen auf dem Schaltpult vor Dr. Golff leuchtete auf, und mit einem Kopfnicken erteilte dieser dem Navigations- und Nachrichtenoffizier des „Meerpfeils“ Sprecherlaubnis.

„Lightning ist mir bekannt. Er ist ein ganz abgefeimter Unterwasserbandit und war in den großen Fischgiftskandal vor zwei Jahren verwickelt.“

„Danke, Mitch!“ sagte Dr. Golff. „Wir haben nicht nur eine Lebensbeschreibung, sondern auch ein Foto von diesem Herrn.“ Ein weiterer Knopfdruck und das Konterfei des Unterwasserbanditen erschien auf dem Bildschirm; dann folgte seine Personenbeschreibung, aus der Ronald und Juliane erfuhren, daß dieser Mann nicht etwa ein brutaler Verbrecher, sondern ein hochintelligenter Unterwassermanager und Tauchbootkonstrukteur war, der eine Handvoll guter Erfindungen gemacht hatte.

Kapitän Leukas hatte natürlich wieder vergessen, den Sprechknopf zu drücken, als er sich räusperte und mit seinem dunklen Baß loslegte:

„Wenn ich diesen Gauner richtig einschätze, dann will er sich die 5-Millionen-Dollar-Prämie verdienen, die ein großer Unbekannter in einer Anzeige vor einem Vierteljahr geboten hat. Die Anzeige ist überall erschienen.“

„Was war das für eine Anzeige, Spiridon?“ fragte der Commander.

„Dad ist mal wieder völlig schimmerlos!“ wisperte Ronald seiner Schwester leise zu. Leider nicht *so* leise, daß es nicht doch am Tisch verstanden wurde. Während Hanns Helms, der Tauchoffizier des „Deepking“, breit grinste, versuchten die anderen diese Regung mit mehr oder weniger Erfolg zu unterdrücken.

„Noch ein Wort aus unbefugtem Munde und ich lasse den Saal räumen!“ verhieß der Commander.

„Diktator, autoritärer Kommißknochen“, wisperte Ronald, nun aber direkt in Julianes Ohr hinein und für alle anderen unhörbar.

„Also, Alec, da suchte ein Unbekannter ein Pärchen Silberdelphine, von denen in allen Revolverblättern der Welt vor einem Jahr geschrieben wurde und denen man sagenhafte Fähigkeiten nachsagte.“

„Das ist wirklich eine schöne Bescherung.“ Commander Dr. Golff blickte auf seine Uhr. „Um es kurz zu machen. Dr. Mona Dasjarks, ehemals Mona Gill, hat bei ihrem letzten Routinebesuch von der Entführung erfahren. Sie und ihr Mann haben versucht, mit dem Tauchboot ‚Dolphin Shorty‘ in den Schlupfwinkel der Unterwasserbanditen zu gelangen. Leider wurden sie durch starke Stromsperren gestoppt. Den Banditen gelang es sogar, den Antrieb des Tauchbootes außer Gefecht zu setzen. Wir müßten uns der Sache annehmen und die beiden Silberdelphine befreien. Daß wir der Bande das Handwerk legen, versteht sich.“

Begeistert klatschte Juliane Beifall.

„Wir gehen in genau zwei Minuten auf Südkurs. Die Besprechung ist zu Ende. Die Telebilder der vom Tauchboot fotografierten und auch gefilmten Unterwasserlandschaft werden beim nächsten Umlauf von Hval I überspielt. Dann werden Kapitän Leukas und Ingenieur Helms mit mir beraten, was definitiv zu tun ist.“

Gefahr für „Deepking"

Als das schnelle, kernkraftgetriebene Schiff „Meerpfeil" nach Erreichen des Rossmeeres den Kontakt mit Wascertown aufnahm, standen Ronald und Juliane im Funkraum und hörten mit, was ihr Vater sagte:

„‚Meerpfeil' an Zentrale Wascertown: Wir haben die vereinbarte Ausgangsbasis erreicht und werden nun direkten Kurs auf das Planquadrat Dora Cäsar 12 fahren. Im Planquadrat angekommen, nehmen wir Kontakt mit dem ‚Dolphin Shorty' auf. Ist alles veranlaßt?"

„Zentrale Wascertown an ‚Meerpfeil': ‚Dolphin Shorty' steht mit Taucherteam auf befohlenem Ausgangspunkt bereit."

„‚Meerpfeil' an Zentrale Wascertown: Wir nehmen Verbindung auf und melden uns wieder, Ende." Commander Dr. Golff eilte in den Befehlsstand seines Überwachungsschiffes zurück. Auf der Klarsichtplatte des Steuerstandes sah er das Planquadrat und den silbernen Punkt, der den „Meerpfeil" darstellte; er bewegte sich zielstrebig auf Dora Cäsar 12 zu.

Als sie genau den Punkt erreicht hatten, ließ Dr. Golff stoppen. „Brücke an Funkraum: Rufen Sie ‚Dolphin Shorty'!"

Dr. Mitchener rief das Tieftauchboot, das sich sofort meldete: „Hier ‚Dolphin Shorty', wir hören Sie gut und haben Sie auf dem Schirm, wann werden Sie hier sein?"

„Wir haben Sie in zehn Minuten erreicht."

Weiter voraus, in den angezeigten 210 Meter Wassertiefe,

konnten jetzt alle im Schallbild-Suchgerät das schlanke Unterwasser-Tauchboot erkennen.

„Da ist er!“ rief Ronald aufgeregt. „Ob Dolphin Girl Mona auch an Bord ist?“

„Bestimmt“, erwiderte Juliane im Brustton der Überzeugung; „nach den glühenden Liebesbriefen, die du ihr geschrieben hast.“

„Du bist doch total meschugge. Ich und Liebesbriefe? Ich habe mich lediglich nach den Silberdelphinen erkundigt.“

„Und das Bild, das du von Mona erbettelt hast?“ fragte Juliane spitz. Ronald stutzte.

„Hör mal, wie sehe ich denn das? Solltest du etwa in meinen Briefen lesen?“ fragte er lauernd und kniff die Augen zu schmalen Schlitzen zusammen; sein frisches Jungengesicht sah dennoch nicht einen Hauch gefährlich aus, wie er es beabsichtigt hatte.

„Das ist doch nicht nötig, wenn man sieht, welche Kalbsaugen du machst, wenn nur die Rede auf das Dolphin Girl kommt.“

„Nun werdet aber wieder normal“, ermahnte der Vater seine Sprößlinge. Dann wandte er sich der Bordsprechverbindung zum Tieftauchboot zu. Mit dem Einschalten sah er den in seiner Verankerung mitten im Bauch des „Meerpfeils“ hängenden „Deepking“ und Kapitän Leukas, der im Steuerstand des Bootes saß.

„Commander an Leukas: Sind Sie einsatzbereit? Kommen!“

„Leukas an Commander. Sind bereit zum Ablegen und erbitten Starterlaubnis!“

„Commander an ‚Deepking‘: Start freigegeben! – Schotten auf! – Klar bei Fiermanöver!“

Mit dumpfem Rauschen wurden die beiden Rutilstahlwände des mittleren Kielteiles seitlich in die Flanken des „Meerpfeils“ zurückgeschoben. Eine gähnende Öffnung zeigte sich im Schiffsboden, durch die sogleich Meerwasser einströmte. Die Stahlgreifarme, die vorn und achtern an Backbord und Steuerbord seitlich aus dem Schiffsrumpf herausragten und in die Ausnehmungen der starken Außenhaut des „Deepking“ hineingriffen und das Tieftauchboot solcherart hielten, bewegten sich zurück. Sie verschwanden im Schiffsrumpf. Nunmehr hing der „Deepking“ lediglich an den vier Stahltrossen, die über feste Rollen geführt waren.

„Absenken!“ befahl Kapitän Leukas, und gebannt sahen die Golff-Kinder, wie das Tieftauchboot ins Wasser glitt, mit eingeschalteten Scheinwerfern tiefer und tiefer sank, und, auf acht Meter Tiefe eingesteuert, mit eingeschalteten Maschinen nach vorn lief; einen Moment war es den Blicken der Hinterherschauenden entschwunden, bis es vorn wieder auftauchte und im Bug-Suchgerät erschien.

Beinahe lautlos bewegten sich die beiden Teile des Kiels wieder zur Mitte, griffen ineinander, drückten sich gegen die mächtigen Wülste aus unverwüstlichem Kunstgummi und hatten damit den Schiffskörper wieder nach unten dicht gemacht.

„Wasserballast auf den Mittelraum bis zur Herstellung des Trimmgewichtes!“

Rauschend stob Wasser in den Raum, bis das Gewicht des ausgelaufenen Tieftauchbootes ersetzt war.

„Hoffentlich geht alles klar“, ließ sich Juliane vernehmen, als der „Meerpfeil“ wieder Fahrt aufnahm und mit kleiner Fahrt in Richtung zum Unterwassergebirge weiterlief, in dem sich die zweite, bisher nicht bekannte Delphinstadt verbarg, die möglicherweise nach einem Seebeben von den Delphinen verlassen worden war. Darauf deuteten die Verwüstungen an den Felsen weiter hinten hin.

Der „Deepking“ hatte Fahrt aufgenommen. In 230 Meter Tiefe eingesteuert, näherte er sich jener Felsschlucht, durch die Mona, Silberpfeil und Professor Dasjarks in die verlassene Delphinstadt hatten eindringen wollen, aber durch die Strombarriere aufgehalten worden waren.

Auf der Mattscheibe des Schallbildgerätes konnte Kapitän Leukas bereits die Felsen erkennen. Er sah auch den schmalen Spalt, der in dieses Quadergewirr hineinführte.

Sekunden nachdem er sich routinemäßig beim „Meerpfeil“ gemeldet hatte, sichtete Kapitän Leukas einen blitzenden Gegenstand, der aus der Felsspalte hinausschoß und dann in Lage Null auf sie zukam.

„Achtung, Torpedo!“ meldete Helms.

Der Kapitän stellte das Ruder auf hart Backbord. Der „Deepking“ glitt herum, wurde im Winkel von 90 Grad Bootspeilung zur Seite gesteuert. Kapitän Leukas sah, daß der Torpedo diese Schwenkung mitmachte und sogar aufholte, obgleich sie ihre Fahrt bereits auf die Höchstleistung von 70 Knoten gesteigert hatten.

„Laserkanone feuerbereit!“ befahl Leukas. Der Gunner, der oberhalb der achteren Kompressions- und Dekompressionskammer lag, bemerkte, daß sich der ihnen folgende Torpedo genau auf die Schraubengeräusche des „Deepking“ einstellte und jetzt nur noch höchstens 80 Meter weit entfernt war. Er hatte diesen schnellen Blitz bereits anvisiert. Als er den Abfeuerknopf betätigte, flammte sofort unmittelbar darauf an der Stelle, wo der Torpedo in ihrem Heckwasser lief, ein greller Flammenstrahl auf.

„Treffer!“ meldete er.

Die Druckwelle packte den „Deepking“ und schüttelte ihn durch. Aber die Gefahr war gebannt.

Kapitän Leukas drehte wieder auf den alten Kurs zurück. Als er sah, daß aus der Felsspalte ein Klein-U-Boot auftauchte, rief er es an:

„Achtung an fremdes Kleinboot: Hier ist ‚Deepking‘ von der Internationalen Meeresschutzbehörde. Kommen Sie heran, und lassen Sie alle Hochfrequenzteile ausschalten.“

„Hier Lightning“, grollte die tiefe Stimme, die Helms und Leukas bereits auf der Einsatzbesprechung gehört hatten, „verschwindet von hier, oder ich zerfetze euch!“

„Vorsicht, Lightning! Wir haben Vollschutz gegen Strahlung in jeder Energiestärke. Wir werden nicht zögern, unsere eigene Energie gegen Sie einzusetzen!"

Statt einer Antwort wurde der „Deepking" plötzlich von einer Reihe schwerer Stöße erschüttert, die das Boot um mindestens 20 Grad aus dem Kurs warfen.

Das Kleinboot ging plötzlich mit der Fahrt herauf und flitzte blitzschnell aus der Felsenschlucht heraus. Es raste direkt auf den „Deepking" zu.

„Achtung, Gegner kommt in Lage Null!"

„Laserkanone feuerbereit!"

Wieder erklang die dröhnendlaute Stimme: „Hier Lightning. Ich komme!"

„Das ist ein Robotboot, Kapitän, mit eingeschaltetem Sprechgerät!" meldete Hanns Helms.

„Laser volle Ladung – Feuer frei!"

Die Laserkanone spie ihren tödlichen Strahl aus und sägte das Boot in der Mitte durch, als es versuchte – wahrscheinlich von Lightning ferngesteuert –, mit einer schnellen Bewegung seitlich auszubrechen.

„Gut gemacht, Leukas! Aber ich packe Sie noch!" erklang wieder die grollende Stimme von Lightning.

Plötzlich sahen sie auch das breite, dunkle Gesicht auf dem Bildschirm des Fernsehgerätes, das immer eingeschaltet blieb, um sowohl von Unterwasserfahrzeugen als auch von Satelliten Bilder und Meldungen empfangen zu können.

„Hallo, Lightning alias Hunter Brooke", rief Kapitän Leukas. „Sie haben sich seit Ihrer Tätigkeit im Mittelmeer kein bißchen zu Ihrem Vorteil verändert! Immer noch der gleiche alte, schäbige Gauner!"

„Mein Gott, Leukas! Können Sie sich nicht das Sauerkraut aus dem Gesicht rasieren? Man sieht ja nicht einmal mehr, ob Sie noch lachen oder schon weinen."

„Also, geben Sie auf, Lightning! Sie kommen nicht mehr aus der Unterwasserstadt heraus. Der zweite Ausgang aus der unterirdischen Stadt der Delphine ist bereits hermetisch verriegelt. Und hier schaffen Sie es auch nicht!"

„Abwarten, Leukas! Wir werden es in fünf Sekunden sehen!"

Genau nach Ablauf dieser fünf Sekunden knallte es in den Sicherheitsschaltkästen des Bootes. Mit einem Schlag fielen Licht, Antriebsmotoren und alle Geräte aus. Gleichzeitig damit setzte das Boot zur Fahrt in die Tiefe an, die hier bis in 2.600 Meter reichte; es mußte dem „Deepking" gelingen, auf einem der Felsvorsprünge aufzusetzen.

„Ruder auf Segelstellung. Helms, was ist mit den Maschinen?"

„Völlig blockiert, Kapitän!" meldete der Tauchingenieur. Hanns Helms, gebürtiger Deutscher, fuhr bereits zwei Jahre auf dem „Deepking". Er war von der Aquanautenschule in La Jolla, Kalifornien, gekommen, und Kapitän Leukas gratulierte sich seit dieser Zeit zu dem guten Fang.

„Die Zigarre, Kapitän!" rief Hanns Helms, der als Tauchingenieur auch die schnelle Rückstoßzigarre betreute.

„Leukas an Baker: Rückstoßzigarre ‚Silver' einsatzbereit?"

„‚Silver' an Kapitän: ‚Silver' besetzt und startklar!"

„Starten und Gegner zu neutralisieren versuchen!" Dann wandte sich Kapitän Leukas seinem Tauchingenieur zu:

„Antielektronenfeld einschalten, Strahlenabwehr volle Kraft. Druckkanone feuerbereit, Laserwaffe Achtung!" befahl er. Damit war der „Deepking" beinahe unverletzlich. Die Antienergiestrahlen würden jeden anlaufenden Torpedo vorzeitig zur Detonation bringen.

Baker, der Kommandant des „Silver", der vorn im Bug der torpedoförmigen Rückstoßzigarre lag, während der Schütze der Druckkanone etwas überhöht hinter ihm saß, löste bereits die Magnetverankerung. Mit leisem Klatschen fiel die Zigarre ins Wasser. Der Rückstoßantrieb ließ sie sofort nach vorn schnellen und in rasanter Fahrt aus dem Bereich des

„Deepking“ und der Beobachter dieses Bootes verschwinden.

„Frage an Leitenden: Was ist mit dem Auftriebsmotor?“

„Auftriebsmotor geschaltet. Er kommt!“ meldete der LI Brun.

„Leichter Auftrieb, damit der Gegner nicht merkt, daß wir eine Maschine klar haben.“

Mit einer Hartruderdrehung nach Steuerbord glitt der „Deepking“ direkt auf die Felsmassen zu, die in einigen Seemeilen vor dem Boot auftauchten. Dabei sackte das Tauchboot in jeder Sekunde einen Meter tiefer durch.

Währenddessen war es der Rückstoßzigarre gelungen, die Felsformationen zu umrunden, die den Zugang zu der verlassenen Delphinstadt blockierten.

Als Baker keine 200 Meter an Steuerbord querab ein schnelles Tauchboot erblickte, das offenbar denselben Weg in umgekehrter Richtung nehmen wollte, um den „Deepking“ abzufangen, handelte er sofort:

„‚Silver‘ an Kapitän. Objekt im Visier!“

„Außer Gefecht setzen!“

„Gunner, Druckkanone Feuer frei!“

Die Druckkanone peitschte ihre Salven genau in die Flanke des Tauchbootes, das durch die Wucht der auftreffenden Strahlen herumgewirbelt wurde. Als Baker sah, daß dieser Gegner nun die ersten Schüsse auf sie abschoß, stellte er die Rückstoßzigarre auf den Kopf und jagte mit voller Fahrt mit siebzig Grad Vorlastigkeit in die Tiefe. Er unterlief das fremde Boot, drehte und stieß wieder nach oben empor, um diesem Gegner eine weitere Ladung an Druckstrahlen zu verpassen, die ihn außer Gefecht setzen mußten. Als das Boot mit dem empfindlichen Kiel ins Visier einwanderte, schoß der Gunner abermals zwei, drei Schüsse, und schon waren sie vorbeigelaufen.

Als Baker an dem Gegner vorbei nach oben entkommen war, sah er, erneut drehend, daß das Boot diesmal hart getroffen war, rasch tiefer hinuntersackte und irgendwo unten im Felsengewirr verschwand. Er folgte so weit wie möglich, um zu sehen, ob dies nicht ein Trick war. Aber wenig später vernahm er auf der Sonderfrequenz, die nur die Zigarre und den „Deepking" miteinander verband, die Stimme von Kapitän Leukas:

„Gegnerboot ruft auf der Seenotwelle um Hilfe! Es ist in den Felsen steckengeblieben und hängt dort fest. Es kann offenbar nicht mehr vor und zurück. Bleiben Sie in Beobachtungsposition, wir kommen, sobald wir unsere Schäden behoben haben."

„Ich stehe hart an der Schlucht!" meldete Baker. „Bleibe in Position und decke Sie!"

Bakers Geduld wurde auf keine allzu harte Probe gestellt. Bereits nach zehn Minuten tauchte der Bug des „Deepking" um das Felsengebirge herum auf. Leukas blinkte dreimal mit dem Frontscheinwerfer, und mit Rückwärtsfahrt setzte Baker den „Silver" weiter nach achtern.

„Wir haben das Boot genau auf dem Schirm", sagte Leukas an Bord des Tieftauchbootes. „Baker, Sie bleiben, wo Sie sind, und versuchen uns rauszuhauen, wenn wir angegriffen werden sollten."

„Wir sind in Deckungsposition."

„Wenn das nur keine Falle ist, Kapitän!" warnte Hanns Helms, der Tauchingenieur. „Wir sollten vor allem erst mal Lebrun und Serpuchow hinschicken, um zu sondieren."

„Richtig, das werden wir! – Taucher einsatzbereit?" Die beiden Sauerstoff-Blut-Atmer, die mittels eines Sauerstoffgerätes den Sauerstoff direkt ins Blut erhielten, meldeten sich einsatzbereit. Sie standen Sekunden später in der Schleuse und tauchten sofort aus. Serpuchow voran, dicht gefolgt von Lebrun, schwammen sie direkt auf den Felsvorsprung zu und stießen in die Tiefe hinunter vor. Es war ihnen dank ihrer wassergefüllten und hermetisch verschlossenen Lungen möglich, jedem Außendruck standzuhalten und frei zu schwimmen wie ein Fisch. Nach drei Minuten erreichten sie das in 490 Meter Tiefe zwischen zwei Felsnadeln festgeklemmte Tauchboot.

Serpuchow, der vorn schwamm, meldete: „Tauchboot der verbesserten Pisces-Klasse, auf der Werft in Odessa umgebaut, wie ich sehe. Der Name ist ‚Nereide'. Vier Mann Besatzung."

„Danke, rufen Sie die Besatzung an!"

„Besatzung der ‚Nereide', hören Sie mich?" rief Serpuchow. Als er seinen Ruf zum drittenmal wiederholt hatte, erklang die erste Anwort, zwar leise, dennoch aber deutlich und vernehmbar:

„Hier ‚Nereide'. Wir wurden von einem Rückstoßboot angegriffen und lahmgeschossen. Alle Geräte und Antriebe sind ausgefallen. Erbitten Hilfe."

„Haben Sie eine mobile Kompressions- und Dekompressionskammer dabei?" fragte Serpuchow. Er erhielt eine bejahende Antwort.

„Dann kommen Sie einzeln heraus, wir fangen Sie auf und lotsen Sie zum ‚Deepking'. Dort kommen Sie durch die Schleuse in Sicherheit."

„Und das Boot?" fragte der Wortführer der Besatzung.

„Das werden wir bergen, sobald sichergestellt ist, daß Sie kein krummes Ding gegen uns drehen wollen!"

„In Ordnung, wir kommen! Erster Ausstoß in drei Minuten."

Genau drei Minuten später wurde durch den unteren Ausstieg die runde Dekompressionskammer ausgestoßen und schwebte langsam nach oben. Serpuchow und Lebrun begleiteten sie zum „Deepking", der die untere Andockschleuse vorbereitet hatte, damit der aus der angedockten Dekompressionskammer kommende Mann direkt in die Schleuse umsteigen konnte.

Die Rettungsboje ging wieder nach unten, und das Spiel wiederholte sich, bis sich alle vier Besatzungsmitglieder an

Bord des „Deepking“ befanden. Serpuchow und Lebrun kamen ebenfalls an Bord zurück.

Danach ließ Kapitän Leukas die Besatzung befragen, und als diese in den beiden Arrestkammern zu jeweils zweien untergebracht war, ging der „Deepking“ auf Tiefe, dicht gefolgt vom „Silver“, der sich nun direkt über die Felsschlucht legte, um den Rückzugsweg zu decken.

Kapitän Leukas brachte das Boot durch geschickte Ruderkorrekturen dicht über die „Nereide“. Mit den beiden vorderen Greifarmen versuchte Leukas, die Felsenspitzen abzubrechen, in denen das Boot verklemmt lag. Als das nicht gelang, ließ er die Felsspitzen mit zwei Laserschüssen wegschießen.

„Wenn jetzt ein Mann mit einem der Unterwasserbanditen an Bord ginge, könnten wir das Boot möglicherweise wieder flottmachen“, schlug Hanns Helms vor.

„Okay, suchen Sie sich den geeigneten Mann dafür aus, der die Maschinen bedienen kann, und nehmen Sie ihn mit hinunter.“

Hanns Helms ließ sich durch den Maat auf seiner Station vertreten und eilte zur vordersten Arrestkammer. Er bat die Wache, die Tür zu öffnen, und wandte sich an den Mann, der das Boot gefahren hatte.

„Hören Sie, Ihr Boot ist wieder flott! Wir werden jetzt an Bord gehen und es nach oben bringen.“

Der Mann wich mit allen Anzeichen des Entsetzens zurück.

„Nicht mit mir“, rief er in einem Ton, der Hanns Helms aufhorchen ließ. „Ich bin doch nicht lebensmüde!“

„Was soll denn das heißen?“ fragte Helms zurück. „Dann werden eben Sie mit mir gehen“, sagte er, sich dem zweiten Mann zuwendend. Aber auch dieser wollte nicht.

„Wenn Sie jetzt nicht freiwillig mitkommen, dann werden wir Sie mit Gewalt nach unten schaffen lassen!“ drohte Helms dem Bootsführer.

„Ich würde lieber rasch versuchen, hier wegzukommen“,

riet dieser, um nach einem Blick auf die Uhr fortzufahren: „In genau 120 Sekunden geht die Sprengladung hoch, die Lightning in allen seinen Booten angebracht hat und deren Lage wir nicht kennen. Sie wird scharf gemacht, sobald wir das Boot durch die Rettungsboje verlassen haben."

Hanns Helms war mit zwei Schritten am Sprechgerät:

„Helms an Kapitän Leukas: Sofort Schnellstart und raus aus der Schlucht! Keine Sekunde Zeit für Fragen. Ende!"

„An Maschine: Beide kleine Fahrt zurück. Ruder hart Backbord!"

Der „Deepking" drehte auf kleinstem Raum, und als er in die Fluchtrichtung eingedreht hatte, ließ Kapitän Leukas das Höhenruder legen und auf beide AK gehen.

Rasch schneller werdend, flitzte das Tieftauchboot dem oberen Felsenrand entgegen, und Kapitän Leukas rief den „Silver":

„Zurück und in Sichtweite bleiben!"

Hanns Helms war bis zum Kommandostand gerannt und meldete dem Kapitän: „Sprengladung im fremden Boot. Sie geht in jetzt 60 Sekunden hoch!"

„Dreimal AK!" befahl Kapitän Leukas sofort.

Es war, als ob ein Riese schöbe, so beschleunigte der „Deepking" und flitzte über den oberen Rand der Schlucht hinweg. Als er gerade aus dem Bereich der Druckwelle der Detonation heraus war, barst tief unter ihm das Klein-U-Boot in tausend Stücke. Die Druckwelle riß hinter dem „Deepking" die See auf und ließ einen mächtigen Wassergeysir nach oben spritzen. Dessen Ausläufer erfaßten auch den „Deepking", ohne ihm allerdings etwas anhaben zu können.

„‚Meerpfeil' an ‚Deepking', kommen!" rief Commander Dr. Golff das Boot, als er über den Fernsehschirm die mächtige Wasserwoge sich auftürmen und aus der Seeoberfläche emporbrechen sah, als koche dort unten ein riesiger Teufelstopf über.

„‚Deepking‘ an ‚Meerpfeil‘: Wir sind okay. Haben die vier Männer der ‚Nereide‘ geborgen und kommen zunächst zur Basis zurück, um die vier vernehmen zu können, over.“

„‚Meerpfeil‘ an ‚Deepking‘, okay, wir drehen auf Ihre Position ein und werden ... ‚Deepking‘, Achtung! Unbekanntes Objekt, Distanz vier Seemeilen Steuerbord querab von Ihrem Boot!“

„Laserkanone feuerbereit!“ befahl Leukas sofort, weil er jetzt genau wußte, daß dieser Gegner nicht fackelte, wenn es darauf ankam.

Sekunden später wurde er angerufen: „‚Deepking‘ von Lightning: Geben Sie freiwillig die vier Männer heraus, sonst zerstören wir Ihr Boot!“

„Leukas an ‚Silver‘: Stoppen Sie den Verfolger mit Ihrem Antielektronenfeld, dann folgen!“

Baker stieß sein „allright“ hervor und schwenkte dann aus dem Kielwasser des „Deepking“ heraus. Er drehte sehr schnell und stieß mit sagenhafter Beschleunigung auf das Tauchboot zu, das sich ihm auf Kollisionskurs in schneller Fahrt näherte.

Die Laserkanone wurde von Kiros Panopoulos betätigt. Dann wurde die Antielektronenfeldschleuder eingesetzt. Vor einem Torpedo, der direkt auf „Silver“ zuflitzte, drehte das Rückstoßboot und flitzte in einem Kreis von höchstens 50 Metern Durchmesser herum. Blitzschnell stieß Baker nun unter das fremde Boot vor, dessen völlig andere Bauart er nicht kannte und in das Schema der bekannten Tauchboote nicht einordnen konnte.

Der Torpedo verfolgte den „Silver“. Nun wagte Baker alles. Dicht unter dem Propeller des fremden Bootes her stieß er nach vorn durch, jagte dicht vor dem Sichtfenster des fremden Bootes nach oben und war auch schon aus dessen Blickfeld verschwunden.

Der verfolgende Torpedo aber erhielt plötzlich in der Verfolgung des „Silver“ einen anderen starken Impuls, und zwar den der Schraubengeräusche des Bootes, aus dem er abgeschossen worden war. Der „Silver" war aus dem akustischen Bereich verschwunden, weil er von dem Tauchboot verdeckt gewesen war. Der Torpedo stieg mit einer kleinen Ruderkorrektur in die Höhe und bohrte sich in das Heck des Tauchbootes hinein. Es gab einen schmetternden Schlag, und wo noch soeben die beiden Heckscheinwerfer dieses Bootes nach unten geleuchtet hatten, herrschte nun Finsternis. Der Motor des Bootes setzte aus, und schon lief es aus und sackte tiefer hinunter.

In einer weiteren Drehung flitzte die Rückstoßzigarre noch einmal an dem Tauchboot vorbei. Das Horchgerät war eingeschaltet, und Baker nahm einen Hilferuf des Bootes auf, der ihm zeigte, daß Lightning noch weitere Möglichkeiten zur Rettung dieses langsam tiefer sinkenden Bootes hatte.

„‚Silver' an ‚Deepking': Wir haben das Verfolgerboot ausgeschaltet. Kehren zurück und erbitten Anbordnahme!"

„Leukas an ‚Silver': Gut gemacht. Wir drehen auf 270 Grad und erwarten Unterlaufen von achtern bei 10 Knoten Fahrt!"

Zwei Minuten später hatte sich der „Silver" unter den „Deepking" geschoben und glitt langsam, sich genau der Geschwindigkeit des Mutter-U-Bootes anpassend, unter dem großen Andockstutzen her nach vorn, erreichte die Ausnehmung im Boot mit den starken Magneten, glitt hinein, wurde höher gesteuert, bis die Magneten packten und die Rückstoßzigarre bombenfest saß. Die mechanische Verriegelung wurde eingeschoben, damit sie auch bei Stromausfall fest mit dem Mutter-U-Boot verankert blieb, und Sekunden darauf meldeten die beiden Fahrer der silberschimmernden Zigarre sich an Bord zurück.

Rückkehr nach Wascertown

„Leukas an Commander. Wir kehren an Bord zurück und bringen die vier Gefangenen!" meldete Kapitän Leukas, als sie auf Generalkurs gingen und auf den „Meerpfeil" zuhielten, der sie im Bildschirm der Unterwasser-Fernsehkamera eingefangen hatte.

„Commander an Leukas: Anbordnahme vorbereitet, wir bleiben auf Position und erwarten Ihre Rückkehr."

Als Dr. Golff seinen Sprechverkehr mit dem Kommandanten des „Deepking" beendet hatte, wandte er sich seinen beiden Kindern zu.

„Kapitän Leukas kehrt vorerst an Bord zurück, um die Gefangenen abzuliefern. Sobald dies geschehen ist, wird er nach Wascertown laufen. Ich glaube zwar nicht, daß ihr große Sehnsucht nach dieser Unterwasserstadt habt, aber ihr dürft mit dem ‚Deepking' dorthin fahren, wenn ihr wollt."

„Danke, Pa, du bist lieb!" rief Juliane, fiel ihrem Vater ungestüm um den Hals und küßte ihn auf beide Wangen.

Der Erste Offizier, der neben dem Commander auf der Brücke stand und den Schiffskurs beobachtete, räusperte sich diskret.

„Daran müssen Sie sich gewöhnen, Shellburn. Dies hier ist ein verdammt zivilistischer Kahn. Ganz anders, als der Flugzeugträger, auf dem Sie vorher waren."

„Ja, Sir, ganz anders", erwiderte der Lieutenant Commander und schmunzelte. „Aber nicht schlechter!"

„Das will ich meinen!" rief Juliane burschikos. „Soll ich Sie auch drücken, Mister Shellburn?"

„Das würde seinem Vorgesetzten-Image gegenüber der Crew gewaltig schaden", schaltete Ronald sich ein. „Es würde den Lieutenant Commander gewissermaßen zum Kindermädchen degradieren."

„Giftspritze!" rief Juliane erbost und versuchte nach ihrem Bruder zu treten, doch dieser war vorsichtshalber und vorbeugend zurückgetreten, so daß sie ihn nicht erreichen konnte.

„Kommst du mit? Ich möchte mir das Eintreffen des ‚Deepking' ansehen", meinte Ronald und verließ die Brücke. Er eilte, mit jedem Schritt mehrere Stufen nehmend, den Niedergang hinunter und lief auf die gebogene Wölbung der Plexiglasabdeckung, die den „Hangar" des „Deepking" überspannte und dank einer Brücke zu begehen war. Der „Meerpfeil" verlor an Fahrt und lag wenig später wie ein Brett auf der See.

Unter ihnen gähnte noch die Leere des Raumes, die von den in die Wand eingelassenen Leuchten gespenstisch erhellt wurde. Gurgelnd wurde Wasser ausgeblasen, um nach dem Einlaufen des „Deepking" die richtige Dichte zu haben.

Nach seiner Meldung bei Commander Golff hatte Kapitän Leukas den „Deepking" auf den Heimweg drehen lassen. Noch war das Boot nicht sehr weit gekommen, als es im Unterwassersprechgerät knackte.

„Lightning an Leukas: Sie haben mein Robotboot vernichtet und die ‚Nereide' beschädigt. Außerdem haben Sie Geiseln genommen. Das wird Sie teuer zu stehen kommen."

Die Stimme des Unterwasserbanditen überschlug sich fast, als er diese Anklage hervorstieß. Kapitän Leukas lachte grimmig.

„Sie sind ein eiskalter Killer, Hunter Brooke. Mit dem Robotboot hätten Sie uns fast umgebracht, und wenn die Crew der ‚Nereide' uns nicht gewarnt hätte, wären wir mit dem Boot in die Luft geflogen."

„Schade drum!" erwiderte der Boß der Unterwasserkidnapper. „Das wäre mir die ‚Nereide' wert gewesen, Sie zu Poseidon zu schicken."

„Wir kommen wieder, Hunter Brooke, und dann gnade Ihnen Gott! Ihre Seebanditen haben nicht nur den Raub der Silberdelphine gestanden, sondern auch den Coup auf den Goldtransport der South & East Gold Corporation. Nicht zu vergessen die Entführung des Chefs der Unterwasser-Minengesellschaft von Madagaskar."

„Klappen Sie das Märchenbuch ruhig zu, Leukas, Sie alter schmieriger Oktopus! Mich können Sie nicht bluffen. Und eines dürfen Sie Ihrem Boß mitteilen: Hier endet die Macht der Internationalen Meeresschutzbehörde!"

„Das würde ich an Ihrer Stelle nicht behaupten! Die See wird lückenlos überwacht. Wo auch immer Sie auftauchen: Wir werden zur Stelle sein!" versprach Odysseus grimmig.

„Fahr zur Hölle, Leukas!" wünschte Lightning noch, ehe es im Gerät knackte und der Sprechverkehr beendet war.

Inzwischen hatte der „Deepking" den „Meerpfeil" fast erreicht, und Ronald und Juliane sahen, wie unter ihnen der Schiffsboden auseinanderglitt, das Wasser ein Stück in den rechteckigen Raum emporstieg und bis zu ihrem Glasverdeck hinaufschäumte.

„Da ist der ‚Deepking'!" rief Ronald, und auch Juliane sah, daß sich der Bug des Tieftauchbootes von achtern aufkommend nach vorn schob, dann genau in der Öffnung schwamm und zentimeterweise nach oben eingesteuert wurde.

Es war für beide phantastisch zu sehen, wie dieses Manöver mit einer Präzision ohnegleichen vonstatten ging. Nun war der „Deepking" hoch genug eingefahren. Die vier Stahltrossen mit den Spezialhaken rasselten herunter und hakten sich in die Ausnehmungen des „Deepking" ein, der nun ebenfalls keine Fahrt mehr machte. Dann wurde das Tieftauchboot gleichmäßig emporgehoben, und als es die Endlagerposition erreicht hatte, schwangen die vier Greifarme an beiden Flanken des rechteckigen Bassins vorn und achtern aus den scitlichen Schiffswänden heraus und legten sich in die Haltervertiefungen.

Der „Deepking“ lag nun bombenfest.

Der Kiel des „Meerpfeils“ fuhr wieder ineinander, und dann begannen die Pumpen zu arbeiten; sie pumpten soviel Wasser aus dem hermetisch abgeschirmten Liegeplatz des „Deepking“ heraus, daß das Boot nur noch eben schwamm und die vier großen Sichtfenster auf beiden Flanken gut freilagen.

Nun sahen die Zuschauer auf dem Steg, wie die Steuerbordseite der Glasabdeckung aus ihren Lagern im Steg zurückglitt und den Weg nach unten freigab. Der Ausstieg des „Deepking“ lag genau an der Stahlleiter des schachtartigen Ausstiegs, der auf den Mittelsteg führte.

Als erster kam Kapitän Leukas nach oben. Ronald machte ein Foto von „Odysseus“, wie er barhäuptig, die Mütze unter den linken Arm geklemmt, auf den Steg kletterte und dann mit einigen Schritten auf Commander Dr. Golff zuging, um ihm Meldung zu erstatten.

Dem Kapitän folgte Tauchingenieur Hanns Helms, der den beiden Golff-Sprößlingen zuwinkte. Er lächelte zufrieden und machte das V-Zeichen des Sieges. Danach kamen hintereinander vier Männer mit Galgenvogelgesichtern aus den Arresträumen des „Deepking“ und wurden über Deck nach vorn und in die Arrestzellen des „Meerpfeils“ gebracht, von wo aus man sie zur Befragung holen würde.

Als die vier abgeführt waren und sonst niemand von der Besatzung folgte, wußten Ronald und Juliane, daß der „Deepking“ bald wieder ablegen würde. Sie eilten zu Kapitän Leukas hinüber, der dem Commander sein auf Band gesprochenes Logbuch in Gestalt einer Tonbandkassette überreichte.

„Onkel Leukas, wir dürfen mit nach Wascertown“, rief Juliane dem Seebären entgegen. Dessen Mund verzog sich zu einem Lächeln, das die beiden Golffs nur daran erkennen konnten, daß die blendendweißen Zähne des Kapitäns sichtbar wurden.

„Fein. Wir werden in etwa einer Stunde ablegen, sobald das Boot durchgecheckt und alles aufgeladen ist."

„Wie ist es mit Buffy und Tuffy?" fragte Juliane. „Die können wir doch nicht hier zurücklassen. Vor allem wird sich Tuffy sicherlich auf ein Wiedersehen mit seiner Familie in der Stadt der Delphine freuen."

„Schaden könnte es nicht", dachte Kapitän Leukas laut nach, als er das bedenkliche Gesicht von Commander Dr. Golff sah. „Vielleicht benötigen wir sie noch, zumal ja ein Zugang zur unbekannten Unterwasserstadt der Delphine nur für Taucher zugänglich ist. Da wären die beiden Delphine möglicherweise unentbehrliche Helfer."

„Also schön, auf Ihre Verantwortung, Kapitän Leukas!"

„Und auf unsere!" rief Juliane dazwischen und warf den Kopf mit der übermütigen Bewegung eines jungen Fohlens zurück, so daß ihr zu einem Pferdeschwanz zusammengebundenes Haar wie eine Mähne flatterte.

„Wir können die Delphine mit der Badewanne ausladen und du solltest ihnen befehlen, mit uns zu schwimmen, damit sie unangefochten durch die Schleuse gelangen und durch den Kanal ins Delphinarium kommen", schlug Kapitän Leukas vor. Vor allem solltest du deinen Vocoder nicht vergessen, denn Mona Gill, ich meine Mona Dasjarks, wird mit ihrem Transponder, der nach einem anderen System arbeitet, bei unseren beiden Delphinen wahrscheinlich kein Glück haben."

„Danke, Onkel Leukas!" Leichtfüßig lief Juliane zu einer der Kabinen, die in die Umrandung des Delphinbassins eingelassen waren. Knapp zwei Minuten später kam sie wieder heraus. Sie hatte den Vocoder umgehängt, ging zum Bassinrand und rief Buffy an.

Ronald, Kapitän Leukas und Dr. Golff sahen, wie plötzlich die Delphine übermütig emporsprangen und einander im Hochsprung zu übertreffen versuchten. Sie stießen ein schrilles Zirpen und Schnalzen aus und schienen sich vor Freude nicht fassen zu können.

Besonders Tuffy, der Silberdelphin aus der Stadt der Delphinmenschen, sprang verblüffend hoch. Dann führten beide, auf den Schwanzflossen stehend, scheinbar einen Delphintanz umeinander herum auf, ehe sie wieder ins Wasser abtauchten und zu Juliane hinüberschwammen und ihre Köpfe mit den langen Nasen emporreckten, als lauschten sie einer Lektion. Und das war es auch, denn Juliane gab den Delphinen nun ihre Verhaltensmaßregeln. Dann kam sie zu den anderen zurück.

„Alles klar“, rief sie, und ihre Augen blitzten vor Unternehmungslust. „Buffy und Tuffy sind riesig froh, daß es wieder nach Wascertown und von dort ins Reich der Delphinmenschen geht. Tuffy will ihre Großeltern besuchen, die beiden Oberhäupter der Unterwasser-Delphinstadt.“

„Habt ihr auch alles, was ihr braucht?“ fragte der Commander besorgt. „In genau 40 Minuten legt Kapitän Leukas ab und läuft nach Wascertown hinunter, um an der Besprechung in der Zentrale teilzunehmen, die Professor Waters angesetzt hat.“

„Möchtest du deinen alten Lehrer Professor Waters nicht wiedersehen, Dad?“ fragte Ronald.

„Das wird sich wohl noch machen lassen. Aber zunächst kommt unsere Aufgabe. Wir haben noch nicht viel erreicht. Doch ich denke, daß wir nach der Befragung der vier U-Boot-Männer von Lightning mehr wissen und einen Schlachtplan ausarbeiten können, wie die beiden Silberdelphine zu retten sind.“

„Das wäre ganz wunderbar, Daddy“, sagte Juliane leise und wandte sich rasch ab, damit ihr Bruder die Tränen nicht sah, die in ihren Augen standen. Sie hatte sonst nicht so nahe am Wasser gebaut, aber wenn sie an die beiden Delphine dachte, die irgendwo in der verlassenen Delphinstadt eingesperrt waren, dann kam sie einfach nicht dagegen an.

Sie liefen in ihre Kabinen, um das Notwendigste zu pakken und in dem Seesack zu verstauen, den sie sich zünftigerweise zugelegt hatten.

Als Ronald und Juliane wieder an Deck zurückkehrten, stand Kapitän Leukas mit ihrem Vater auf dem Mittelsteg. Die beiden Männer, die durch viele Jahre im Dienste der Internationalen Meeresschutzbehörde einander wie Brüder nahegekommen waren, tauschten die letzten Informationen und guten Wünsche aus, dann wandte sich der Commander seinen beiden Kindern zu.

„Also, macht's gut! In Wascertown werdet ihr euch strikt an die Weisungen von Dr. Dasjarks halten, ist das klar?"

„Klärchen, großer Häuptling", erwiderte Ronald und fabrizierte eine Ehrenbezeugung, die ziemlich zivilistisch ausfiel.

„Bitten an Bord kommen zu dürfen!" sagte Ronald, als sie Kapitän Leukas erreichten.

„Seht euch erst noch das Zuwasserlassen eurer beiden Schutzbefohlenen an", erwiderte der alte Seebär mit der mächtigen Schifferkrause und dem Lockenkopf, dessen Gekräusel wirr vom Kopf abstand, und deutete nach achtern, wo sich soeben die „Stahlbadewanne" an der Stahltrosse des Drehkranes auf das Becken der Delphine heruntersenkte und ins Wasser platschte. Mit einem eleganten Satz schnellte sich der immer noch etwas größere Buffy hinein und wurde emporgehievt. Der Kranarm schwenkte aus, und die Wanne wurde zu Wasser gelassen.

Noch ehe die Wanne die Oberfläche der See erreichte, war Buffy mit einem eleganten Satz hinausgesprungen und vollführte nun eine Extravorstellung mit schönen und hohen Sprüngen, während die Wanne zum Bassin zurückschwenkte, um auch Tuffy ins Wasser zu lassen.

Auch der Silberdelphin mit den Menschenhänden tobte

ausgelassen im Wasser umher, und Ronald und Juliane vergaßen fast das Einsteigen zur Fahrt nach Wascertown, so daß Kapitän Leukas sie nun extra dazu auffordern mußte.

Drei Minuten später waren sie, vorn links und rechts des Mittelganges im „Deepking" sitzend, aus dem „Hangar" hinausgelaufen und stießen nun in sechzig Meter Tiefe hinunter.

„Da sind sie!" sagte Kapitän Leukas, der neben Ronald getreten war und deutete auf den Silberdelphin, der soeben von einem der Flankenscheinwerfer erfaßt wurde. In funkelnden Kaskaden wurde das Licht blitzend zurückgeworfen. Buffy tauchte dicht neben dem Sichtfenster von Juliane auf, stieß mit seiner Nase dagegen, und Juliane rieb ihre Nase ebenfalls an dem Glas, daß es aussah, als berührten sich die beiden Freunde.

Das Tieftauchboot glitt beinahe geräuschlos dahin. Eisberge wurden passiert. Ein Killerwal, etwa neun Meter lang, glitt direkt von vorn auf sie zu, drehte unmittelbar vor dem aufblitzenden Bugscheinwerfer zur Seite weg und schrappte an der Steuerbordflanke des Bootes vorbei; Juliane zuckte unwillkürlich zurück, obgleich sie wußte, daß der Stahl des „Deepking" jedem Druck standhalten würde.

„Weißt du, daß es morgen genau ein Jahr her ist, daß wir in Wascertown waren?" fragte Ronald seine Schwester, nachdem er sein Notizbuch aufgeblättert und darin nachgesehen hatte.

„Fein, dann können wir in der Unterwasserstadt sogar ein Jubiläum feiern", freute sich Juliane und winkte Tuffy zu, die nun an ihrer Seite schwamm, während Buffy verschwunden schien.

„Vielleicht können wir die Pinguine auf Adélieland wiedersehen. Dann hätte ich auch Gelegenheit, die vor einem Jahr verunglückten Fotos nachzuholen, die ich der Klasse versprochen habe."

„Und ich würde mir auf der Poststation Dumont d'Urville

einen Haufen Karten mit dem Stempel dieser südlichst Poststation der Welt beschaffen", warf Juliane ein.

Sie liefen an den Unterwasserfelsen vorbei, an denen lang Gruppen von Leuchtlebewesen hingen. Und wie vor einem Jahr stieß Juliane auch diesmal einen kleinen Ruf des Entzückens aus. Es sah so aus, als hätten diese Lebewesen eigens zu ihrer Begrüßung Lichtergirlanden gebildet. Dann erreichten sie den fjordartigen Einschnitt zur Stadt.

„Gleich kommt die berühmte Arena", rief Kapitän Leukas über die Bordsprechverbindung nach hinten. Er saß im Hauptsteuerstand und beobachtete das automatische Ruder, das jedem Widerstand auswich, der sich dem Bug des Bootes entgegenstellte. Ab und zu blickte er auf den Tiefenmesser, um zu sehen, wieviel Wasser das Boot hier im Vorgebirge von Antarktika noch unter dem Kiel hatte.

Sie befanden sich nun mitten in der Arena, deren schräg ansteigende Felswände Myriaden kleiner Leuchtwesen in einem unwirklich schimmernden Licht sichtbar machten.

Mit kleiner Fahrt lief der „Deepking" in eine Art Trichteröffnung am jenseitigen Rand der Arena hinein, wozu er einige Dutzend Meter tiefergesteuert werden mußte. Während die Kielscheinwerfer nach unten gerichtet waren, strahlten die Bugscheinwerfer nach vorn, und der „Deepking" lief mitten in die erleuchtete Trichteröffnung.

Sie befanden sich jetzt in einer Art von Tunnel. Links und rechts an den Wänden erschienen Leuchtbaken, und direkt vor ihnen, von der Decke dieses Tunnels herabhängend, sahen sie ein grünphosphoreszierendes Schild:

„EINFAHRT FREI"

Die Markierungsbojen glitten vorüber. Juliane bat Kapitän Leukas, nach den beiden Delphinen Ausschau zu halten, denn diese waren plötzlich nicht mehr zu sehen.

„Keine Angst, Mädchen! Sie sind direkt hinter uns."

„Aber sie sollten im Tunnel vorausschwimmen", entgegnete Juliane.

„Ich werde etwas tiefer steuern, damit sie über uns hinwegkommen", sagte Leukas und steuerte den „Deepking" tiefer. Sekunden später meldete er sich wieder: „Sie kommen! Sie sind schon über dem Boot, jetzt sind sie vor uns!"

Sie passierten eine letzte Einfahrtbefeuerung und befanden sich nun im Schleusenbecken von Wascertown. Hinter ihnen schlossen sich die Rutil-Schleusentore. Sie sahen eine lange Pier an Steuerbord. Das Boot lief darauf zu, und an Backbord wurden die beiden Delphine durch das Ausblickfenster sichtbar.

Gekonnt legte Kapitän Leukas das Boot mit Handsteuerung an die Pier. Die Greifer glitten aus den Halterungen heraus und griffen in die Ankerausnehmungen der Pier hinein. Der „Deepking" lag fest.

Pumpen arbeiteten und drückten das Wasser aus der Schleuse, bis das Boot frei lag und Juliane und Ronald die Pier sehen konnten. An der Stirnwand leuchtete das ihnen noch bekannte Schild auf, das ihnen zeigte, daß sie hier ungehindert die Luken ihres Bootes öffnen konnten, weil Erdatmosphäre und Normaldruck herrschten.

In Wascertown würden sie also – wie auf der Erde auch – ganz normale Atemluft einatmen, mit der normalen Sättigung.

Das Luk glitt auf, und als erster stieg der Maat der Wache aus. Juliane und Ronald drängten sich zum Ausstieg, denn sie hatten die soeben ankommende junge Frau erkannt, die schlank und elastisch durch eine Stahltür auf die Pier trat und zum Boot herüberkam.

Ronald kletterte als erster auf die Pier und lief auf Dr. Mona Dasjarks zu. Er umarmte sie und küßte sie auf beide Wangen.

„Willkommen in Wascertown, Ronald! Du bist ja noch männlicher geworden", sagte Mona, das Dolphin-Girl. „Und dein neuer Haarschnitt gefällt mir auch viel besser als der Igel, der im vorigen Jahr deinen Kopf zierte."

Juliane stieß ihren Bruder zur Seite. „Mach mal Platz, du Stiesel, Ladies first!"

„Von welcher Lady sprichst du?" fragte Ronald und blickte sich suchend um.

„Fein dich wiederzusehen, Juliane", sagte Mona herzlich und umarmte das Mädchen, das ihr in so vielem ähnlich war, nicht nur mit ihrem langen blonden Haar, sondern vor allem auch in ihrer Liebe zu den Delphinen.

Diese machten sich im selben Moment bemerkbar; Juliane wandte sich dem Becken zu, in dem Buffy und Tuffy schwammen und sagte ihnen etwas, das durch den Vocoder übersetzt wurde. Die beiden Delphine schnatterten und schnalzten ihre Antwort, und Juliane winkte Mona herbei, die soeben Hanns Helms und Kapitän Leukas begrüßt hatte.

Mona, die einen grünen Dreß trug, auf dem das Emblem der Internationalen Meeresschutzbehörde – der von einer Woge umspülte Globus mit den fünf Erdteilen – auf der linken Seite in Schulterhöhe prangte, kam zum Beckenrand. Sie kniete darauf nieder und ergriff die Hand des Silberdelphins.

„Da bist du also wieder, Tuffy! Du hast deinen Großeltern und auch uns große Sorge gemacht. Wir dachten schon, ein Hai hätte dich gefressen!"

Juliane versuchte zu übersetzen, und alle sahen, daß der Silberdelphin schuldbewußt sein Gesicht untertauchte und mit einer offensichtlich flehenden Gebärde die Hände emporreckte.

„Sage ihr, daß wir uns freuen, daß sie wohlbehalten zurückgekommen ist", bat Mona das junge Mädchen, und Juliane übersetzte dies, worauf Tuffy übermütig wie ein junges Füllen aus dem Wasserbassin emporschnellte und dabei in die Hände klatschte. Als sie wieder ins Wasser tauchte, peitschte sie mit einem knallenden Schlag ihrer Fluke einen dichten Regenschwall empor, der Mona, Ronald und Juliane übergoß.

„Wir lassen sie durch den Kanal ins Delphinarium schwimmen", schlug Mona vor. Juliane lotste die beiden zu dem Kanal; die Delphine schwammen hinein und verschwanden.

Am Ende der Pier tauchte jetzt die hochgewachsene Gestalt von Commander Jones auf. Der Chef der Sicherungsgruppe von Wascertown eilte auf die Neuangekommenen zu und begrüßte zuerst Kapitän Leukas. Dann wandte er sich den beiden Golff-Kindern zu.

„Herzlich willkommen in Wascertown!" begrüßte er sie.

„Danke, Commander Jones. Wir freuen uns, nach genau 364 Tagen wieder hier zu sein!"

„Sie haben aber ein gutes Gedächtnis, Miß Juliane", lobte der Commander das Mädchen.

„Nennen Sie mich doch einfach Juliane, Commander", schlug das Mädchen vor und verschwendete ihren „Silberblick mit Eisschmelzanlage", wie Ronald ihr Begrüßungslächeln abschätzig verunglimpfte, an den Commander.

„Haben Sie etwas Neues über die Kidnapper erfahren, Commander?" fragte Kapitän Leukas, nachdem er sich davon überzeugt hatte, daß die Bordwache aufgezogen war und die Freiwachen das Boot verlassen hatten, um sich ihnen auf dem Weg in die Unterkünfte von Wascertown anzuschließen.

„Leider nicht viel! Dennoch etwas, was uns gewissermaßen Anhaltspunkte gibt. Und wie ist Ihr erster Versuch der Kontaktaufnahme verlaufen?"

„Wir hatten engsten Kontakt mit Lightning. Er versuchte, das Boot zu zerstören. Aber wir haben eines seiner Kampfboote geschnappt, die Crew gefangengesetzt und an Bord des ‚Meerpfeils' geschafft, wo wir sicherlich etwas aus ihnen herausbringen werden."

„Das ist wenigstens etwas! – Bitte hier herein!" bat der Commander und ließ sie in den Lift eintreten, der sie alle aufnahm.

Im Schnelltransport glitt der Lift nach oben, und als er in der Stadt hielt, war es Ronald und Juliane, als würden sie sich vom Boden lösen und weiter emporgeschossen werden.

Die Tür glitt zurück. Sie standen in jener weiten lichten Halle aus Glas und Titanstahl von einer unbekannten, unerhört festen Legierung. Über ihnen wölbte sich die riesige Halbkugel, welche die Unterwasserstadt hermetisch von der Unterwasserwelt abkapselte. Vom vorigen Besuch war ihnen ja bereits alles bekannt, und dennoch waren sie auch diesmal wieder überwältigt von der Konstruktion dieser Stadt, die ja bereits mit ihren 183 Metern Tiefe in abyssischer Finsternis lag. Die Kuppel bestand in Wirklichkeit aus zwei übereinanderliegenden Kuppeln, deren Zwischenraum mit Druckluft gefüllt war, so daß die äußere Kuppel nicht unter dem enormen Wasserdruck einstürzen konnte. Juliane, impulsiv und lebhaft, brach in Begeisterungsrufe aus. Ihr hübsches Gesicht war vor Erregung gerötet, ihre Augen strahlten unbekümmerte Begeisterung aus, und selbst Ronald fand seine Schwester hübsch und wurde von ihrem Temperament angesteckt.

Aus der Empfangshalle begaben sie sich in die Stadt und sahen nun, durch die durchsichtigen Kuppelwände blickend, die außen auf dem Meeresboden verankerten Wachstationen und die in Halb- und Dreiviertelhöhe an im Boden verankerten Trossen schwebenden Kontrollkuppeln mit den automatischen und selbsttätigen Beobachtungsgeräten: Fernsehkameras nach dem Unterwasser-Schallsystem, Sonaranlage und automatische Warn-Geräuschboje.

Von dem zentralen Gebäude der großen Empfangshalle aus wand sich wie eine nach außen größer werdende Spirale ein Weg, an dem niedrige, halbrunde Bungalows lagen, die wie Eskimoiglus aussahen.

Als Commander Jonas stehenblieb, um Kapitän Leukas auf eine Neuerung im Überwachungs-Ortungszaun hinzuweisen, gingen Juliane und Ronald zum Rand der Kuppel und waren überrascht, daß sie hier eine Art unsichtbarer, weil völlig durchsichtiger Mauer vorfanden, die etwa drei Meter vor der Außenwand begann und sich in einem flachen Bogen nach oben schwang; in etwa zehn Meter Höhe verband sie sich mit der Innenkugel.

Von hier aus hatten sie einen guten Ausblick auf ein Unterwasserhaus, das auf hohen Stelzfüßen neben der Unterwasserstadt stand. Soeben tauchten vier Taucher auf. Sie trugen die kleinen Tornister der neuen Wiederverwendungs-Tauchgeräte auf dem Rücken, aus denen sie im geschlossenen Kreislauf mit Atemluft versorgt wurden.

Diese Geräte waren seit gut einem Jahr auch bei den Tauchteams der Internationalen Meeresschutzbehörde in Gebrauch, und auch die beiden Taucher auf dem „Meerpfeil“ benutzten dieses hochtechnisierte Gerät. Mit einem Elektronikgerät wurde automatisch die Sauerstoffzufuhr geregelt, so daß der Taucher in jeder Tiefe seine genau richtig bemessene Dosierung erhielt.

„Ihr wohnt wieder im selben Haus wie vor einem Jahr“, sagte Mona und begleitete sie dorthin, nachdem Kapitän Leukas und Commander Jones den Weg in die Kommandozentrale von Wascertown nahmen, wo Professor Waters und sein Expertenteam sie bereits erwarteten. „Wir treffen uns in genau 15 Minuten am Delphinarium“, verabschiedete sich Mona vor dem Gästehaus von ihnen. „Das ist gleich um die Ecke.“

Als Ronald und Juliane ihren „Iglu“ betraten, waren sie wieder überrascht von dessen Geräumigkeit. Sie kleideten sich rasch um, wozu bereits jene an Raumfahreranzüge erinnernde Kleidung der Taucherteams von Wascertown bereitlag, die sie auch im Vorjahr getragen hatten. Juliane trug einen grünweißen Anzug, und Ronald war in einen zitronengelben Anzug mit orangeroten Bruststreifen gestiegen.

Julianes langes Haar, das sie gelöst hatte, fiel weich auf ihre Schultern und schimmerte im Kunstlicht des Tages als sei es aus Metall.

Nach genau 15 Minuten schrillte die Eingangsglocke. Ronald, bewaffnet mit seiner Kamera und der Tasche mit den verschiedenen Objektiven, eilte zur Tür. Er riß sie auf, in der Annahme Mona zu sehen, sah sich aber einem Fremden gegenüber, der ihm sehr bekannt vorkam. Seine Gedanken rotierten, aber erst als er den charakteristischen Kopf dieses Herrn sah, fiel der Groschen.

„Professor Dasjarks! Ich freue mich riesig, Sie wiederzusehen", sprudelte er hervor. „Sie haben sich überhaupt nicht verändert."

„Nein, immer noch der gleiche Charakterkopf in Eierform", erwiderte der Naturwissenschaftler, der im vergangenen Jahr in Wascertown geblieben war, um mit Mona Gill das Leben, die Sprache und Gewohnheiten der Silberdelphine zu erforschen.

Juliane kam hinzu. Auch sie war ausgehfertig und völlig überrascht, den Professor hier zu sehen.

„Willst du mich nicht der Dame vorstellen?" tat der Professor fremd. Ronald grinste.

„Das ist Juliane, meine teure Schwester, Herr Professor."

„Was machen die Silberdelphine? Haben Sie viel über ihre Sprache und Lebensweise herausbekommen, Herr Professor?" überging Juliane hoheitsvoll den Flachs.

„Eine ganze Menge, sogar die Versorgung der Delphine mit Atemluft in ihrer Unterwasserstadt ist uns kein Rätsel mehr."

„Das müssen Sie mir erzählen, Professor. Das ist ja einfach sagenhaft."

„Aber nicht jetzt", warf Ronald trocken ein. „Wir wollen doch Mona nicht warten lassen!"

„Ja, ich werde euch heute Abend die Fotos zeigen und dann einen kurzen Vortrag halten, über die Atemluftversorgung der Silberdelphine", versprach der Eierkopf. „Ich wollte euch nur abholen."

Mit Professor Dasjarks gingen sie durch die Unterwasserstadt; er berichtete ihnen auf dem Weg, die Bevölkerung von Wascertown sei inzwischen auf 4.350 Menschen angewachsen, nachdem die Goldförderung in vollem Umfange aufgenommen worden war und man auch die Uranvorkommen auf dem Meeresboden, im roten Globigerinenschlamm, auszuwerten begann.

Von den Bewohnern der Stadt waren nicht sehr viele zu sehen. Einige Frauen und eine Schulklasse mit dreißig Kindern begegneten ihnen. Letztere waren wie sie auf dem Weg zum Delphinarium.

Als sie das Delphinarium erreichten, sahen sie Mona, die mit ihrem Transpondergerät Buffy und Tuffy zu instruieren versuchte, während ein rundes Dutzend anderer Delphine sie umschwärmte und auf die beiden Neuankömmlinge einschnatterte.

„Sicherlich erzählen Buffy und Tuffy von ihren Abenteuern mit dem ‚Meerpfeil'", sagte Ronald und ging rasch nach vorn, um ein paar Schnappschüsse zu machen.

Mona winkte Juliane zu sich heran, und mit vereinten Kräften gelang es den beiden, Buffy und Tuffy zu erklären, daß es bald in die Unterwasserstadt der Silberdelphine gehen würde.

Wiedersehen in der Stadt der Delphinmenschen

„Der ‚Dolphin Shorty‘ steht für uns einsatzbereit zur Verfügung“, sagte Mona. „Unsere atmungsaktive Kluft habt ihr ja bereits angezogen. Nun fehlen nur noch die Taucheranzüge mit den Heizungssuits, denn wir müssen ja daran denken, daß wir in der Tiefe von 183 Metern, in die wir ausschwimmen, einen Wärmeverlust haben werden, der gleich jener Wärme ist, die der Stoffwechsel im menschlichen Körper hervorruft. Deshalb muß sowohl der Taucher als auch die Atemluft des geschlossenen Kreislaufes eine bestimmte Temperatur haben.“

Sie zogen im Umkleideraum die beheizten Taucheranzüge an, die sehr dünn waren und in ihrer Doppelhaut winzige Heizschlangen enthielten, welche die stufenlos regulierbare Temperatur über eine Minibatterie erhielten.

Die beiden Wachen an der Schleuse, die durch gelbe Kleidung mit dem offiziellen Wachemblem darauf kenntlich gemacht waren, brauchten keinen Ausweis zu sehen. Für sie war Dr. Mona Dasjarks, das Dolphin Girl, eine bekannte Erscheinung, die immer wieder mit und ohne ihren Mann zu Exkursionen aus Wascertown aufbrach.

Sie traten in die Ausfahrtschleuse und wurden dort von Gilbert Perrés empfangen, der zuerst Juliane die Hand reichte und sie mit einem Kompliment über ihr gutes Aussehen begrüßte. Selbstgefällig strich er sich über das Bärtchen, als Juliane errötete.

„Ich stehe Ihnen mit dem ‚Dolphin Shorty‘ und der Crew zur Verfügung!“ sagte er zuvorkommend und schoß ein wahres Feuerwerk heißer Blicke auf Mona und Juliane ab. „Ich bin entzückt", sagte er ein über das andere Mal. „Und ich werde mich sehr anstrengen, Ihnen zu Diensten zu sein", ergänzte er und verdrehte die Augen wie ein gestrandeter Schellfisch, so daß Juliane unwillkürlich lachen mußte. Ronald zog indigniert die Stirn kraus und griff sich – hinter Perrés stehend – mit einer bezeichnenden Gebärde an die Stirn.

„Feines Boot, dieser verkleinerte Dolphin AG 555", bemerkte Ronald sachkundig, als sie einstiegen. „Macht seine achtzig Sachen, oder?" Kapitän Perrés nickte bestätigend.

„Exakt 80 Knoten, Ronald! Und es kann in die tiefsten Tiefen hinuntergehen, ohne jede Gefahr."

Sie nahmen ihre Beobachtungsplätze ein und Kapitän Perrés startete das Boot. Wenn er auch ein Windhund war, so verstand er doch eine ganze Menge vom Führen eines Tauchbootes, sonst wäre er sicherlich nicht in das Team von Wascertown aufgenommen worden. Er führte den „Dolphin Shorty" durch die Schleuse und wenig später rauschten sie in schneller Fahrt an den Warnbojen vorbei, die sie bereits identifiziert und die Elektrosperre außer Betrieb gesetzt hatten, durch das Halbrund der Bucht von Süd-Victorialand. Mit 30 Knoten Fahrt liefen sie ein Stück weiter und erreichten den Ausschwimmkanal für die beiden Delphine, die hier bereits auf sie warteten und das Boot in schnellen Bewegungen umschwammen.

Der „Dolphin Shorty" drehte nun auf den Generalkurs, um das Kap des Admiralitätsgebirges herum und stieg auf 60 Meter, um die Zone zu erreichen, die eisbergfrei war. Auf Westkurs, immer nur so schnell laufend, daß Buffy und Tuffy mitkamen und auch ab und zu zum Luftschnappen nach oben konnten, ging es zunächst parallel zur Küste von Adélieland weiter und als sie den charakteristischen Einschnitt erreichten, der in die Unterwasserstadt der Delphinmenschen hineinführte, steuerte Perrés das Boot geschickt auf 240 Meter Tiefe hinunter. Buffy und Tuffy stiegen noch einmal an die Wasseroberfläche empor, um Luft zu holen, so daß sie mindestens 25 Minuten unten bleiben konnten, ohne erneut austauchen zu müssen. Außerdem bestand auch noch die Möglichkeit, in der Delphinstadt jene mysteriöse Sauerstoffdusche zu benutzen, die auch die dort lebenden Delphine befähigte, ohne Austauchen in dieser Unterwasserstadt zu leben.

Als sie die Querschlucht erreichten und hindurchliefen, schoß ein silberner Pfeil auf sie zu, drehte dann hart ab und schwenkte auf die beiden Delphine ein, die von oben herunterstießen und nun umschwammen die drei einander, als seien sie vom Tanzteufel besessen. Perrés ließ die Fahrt des „Dolphin Shorty" stoppen, um dieses Schauspiel der Begrüßung des Silberdelphins Tuffy und seines Gefährten Buffy mit dem großen Silberdelphin zu beobachten.

„Sie erkennen einander wieder", rief Juliane aufgeregt und machte sich auf einen Wink von Mona bereit, zur Schleuse zu gehen, um auszutauchen.

Ronald war noch schneller. Als er an Perrés vorbeikam nickte dieser ihm zu.

„Mit diesem prächtigen Haar siehst du viel besser aus als im vorigen Jahr mit deiner Drahtbürste", ließ sich der Franzose vernehmen.

Ronald nickte bestätigend. „Jetzt habe ich bedeutend größere Chancen bei den Mädchen auf der Penne", sagte er und zwinkerte dem Franzosen zu.

„Recht hat er", mischte sich Mona ins Gespräch. „Dein prächtiges Haar so kurz zu scheren, war wirklich eine Schande."

„Puste dich nur nicht so auf", sagte Juliane. „Ich habe zwar auch nichts gegen dein Gesicht, aber ein Po gehört in die Hose." Sie retirierte schnell und Ronalds Fußtritt erreichte nur leere Luft.

„Jetzt aber mal ernst werden!" forderte Mona.

Ronald setzte die Kopfhaube auf und Mona und Juliane taten es ihm nach. In der Schleuse warteten sie, bis der Druckausgleich mit dem Außenwasser herbeigeführt war. Als Perrés ihnen einen Wink gab, tauchte Mona als erste aus. Sie schwamm rasch und geschickt zu den drei einander immer noch mit Nasenstübern und Gezwitscher begrüßenden Delphinen hinunter und wurde von dem großen Silberdelphin und von den beiden anderen stürmisch empfangen.

Ronald war gespannt, ob der große Delphin, den Mona mit Silberpfeil ansprach, sie erkennen würde.

Kein Zweifel, daß es so war, denn Silberpfeil schwamm, nachdem sie nahe genug herangekommen waren, sofort auf sie zu und begrüßte sie mit schnellem Schnalzen und Schnattern. Als Juliane ihren Vocoder einschaltete, stellte sie zu ihrer Freude fest, daß sie auch diese Sprache, die der Lehrsprache der Delphine in der Unterwasserschule von Point Mugu angeglichen war, verstand.

Mona testete ihre Sprechverbindung untereinander und anschließend jene zum „Dolphin Shorty", ehe sie alle im Gefolge der drei Delphine beinahe im Triumphzuge in die Unterwasserstadt hineinschwammen.

„Sieh dir das an, Ronald!" rief Juliane ein über das andere Mal begeistert. Die Leuchtwesen in der großen Arena erfreuten sie ebenso, wie der kunstvoll aufgebaute Stollen, der in die Unterwasserstadt führte. Als sie schließlich in die große Halle mit dem Lagerplatz der beiden Riesendelphine gelangten, schwammen aus den umliegenden Grotten alle Delphine in die Halle hinein und auch die beiden Herrscher der Stadt kamen, flankiert von einer Art Leibwache, zu dem großen Stein und ließen sich darauf nieder.

„Ich übernehme die Verständigung", sagte Mona. „Mein Transponder ist auf die Spezialität der Silberdelphine umgestellt."

Das Schnattern des großen Silberdelphins, auf dessen seidigem Fell sich das Licht widerspiegelte, war nicht so hektisch und rasant, wie jenes von Silberpfeil, aber auch der Herrscher der Unterwasserstadt erkannte die beiden Menschen wieder, die vor einem Jahr die Verbindung zu ihnen hergestellt hatten.

„Er begrüßt euch in der Unterwasserstadt und hofft, daß ihr öfter herunterkommt, weil er euch viel zeigen möchte!" übersetzte Mona.

„Sage ihm, daß wir uns sehr freuen und daß wir ihn begrüßen möchten!" sagte Juliane aufgeregt.

Als Mona dies übersetzt hatte, löste sich der riesige Delphin mit kaum merklichen Bewegungen aus seiner in den Stein gehauenen Mulde und schwamm ihnen entgegen. Seine rechte Hand wurde nach vorn gestreckt und Juliane ergriff sie. Sie war etwas kälter als ihre eigene Hand, aber doch warm genug. Die Linke des Mädchens streichelte mit verstohlener Zärtlichkeit über das glatte seidige Fell des Delphins. Anschließend begrüßte der Herrscher der Delphine auch die anderen Ankömmlinge.

„Sage ihnen doch, daß der ‚Meerpfeil' zur Stelle ist und daß bereits der Einsatz begonnen hat", bat Ronald die junge Wissenschaftlerin. Mona übersetzte es und der Delphinherrscher rief es den übrigen Delphinen zu, die sie jetzt in einem dichten Kreis umringten und offenbar Beifall riefen, denn das Geschnatter schwoll ohrenbetäubend an.

„Wie sieht es mit Informationen über die alte Unterwasserstadt der Delphine aus?" erinnerte Ronald das Dolphin Girl an die Hauptfrage, die sie stellen wollten. Mona nickte ihm zu und wartete, bis der Delphin wieder auf der Steinplatte Platz genommen hatte. Dann stellte sie ihre Frage.

Als sie alles übersetzt und beendet hatte, war es zunächst einige Zeit still, dann erklang das Zwitschern wieder und alle ahnten mehr als sie wußten, daß nun eine Eröffnung kam, die ihnen eine Überraschung bringen würde.

Mona wartete, bis der Delphinherrscher zu Ende gesprochen hatte, dann spielte sie ihren Transponder ab und was sie hörte, ließ sie zusammenzucken.

„Was ist? Gibt es etwas wichtiges?“ fragte Ronald drängend.

„Es ist möglicherweise etwas sehr ernstes, wenn die Gefangenen, die der Deepking an Bord genommen hat, durch den schmalen Ausstieg aus der verlassenen Delphinstadt gekommen sind.“

„Warum ist es dann gefährlich?“ fragte Juliane.

„Weil dann die Möglichkeit besteht, daß sie radioaktiv verseucht sind“, eröffnete Mona die schreckliche Neuigkeit.

„Wir müssen sofort den ‚Deepking‘ verständigen!“ rief Ronald. „Rufe bitte Perrés, damit er eine Warnung durchgibt. Die Vier müßten streng isoliert werden, falls sie strahlenverseucht sind.“

„Du hast recht. Ich rufe den ‚Dolphin Shorty‘, damit Perrés die Warnung an den ‚Deepking‘ weitergibt.“

Dr. Mona Dasjarks, rief nun – nach einer kurzen Erklärung in der Delphinsprache an das Delphinherrscherpaar – den „Dolphin Shorty“ und meldete:

„Dringend, an Commander Dr. Golff auf dem ‚Meerpfeil‘. Die vier Gefangenen sind möglicherweise strahlenverseucht. Bitte eingeschlossen lassen und nicht vernehmen. Geigerzähler einsetzen.“

„‚Dolphin Shorty‘ an Mona: Ich taste sofort durch! Hoffentlich sind sie nicht außerhalb meiner Reichweite. Dann müßte ich Wascertown-Zentrale rufen und die müßte übermitteln, Ende.“

Während sie warteten, sahen sie, daß sich immer wieder einige Delphine von der Gruppe entfernten und nach oben schwammen, um durch jenes kreisrunde Loch zu verschwinden, das nach den Bekundungen von Buffy in das Lufthaus führte.

Der Delphinherrscher hatte einem der Delphine offenbar

einen Befehl gegeben. Dieser verschwand aus der Gruppe, glitt am gegenüberliegenden Ende der Halle in eine schmale Grotte und kam nach einer Minute zurück. Er hielt in einer raffinierten Vorrichtung eine Art von stählerner Luftpoströhre, die er dem alten Delphin überreichte.

Dieser wandte sich an Mona und gab ihr die Röhre.

„Was ist damit?“ fragte Ronald, dem alles nicht schnell genug gehen konnte.

„Hier ist die Geschichte der möglichen Verseuchung aufgezeichnet. Wir sollten sie heute Abend bei Professor Waters entziffern lassen, der hat sich auf die Delphinzeichen spezialisiert.“

„‚Dolphin Shorty‘ an Mona: Funkspruch durchgegeben. Reichweite genügte. ‚Meerpfeil‘ nicht gefährdet. Wachen vor der Arrestzelle. Strahlenanzeige noch unter der Gefahrenschwelle. Die Entsorgungsgruppe ist dennoch bereits bei der Arbeit.“

„Gott sei Dank!“ stieß Juliane hervor und Ronald brach in ein befreiendes Gelächter aus.

„Es ist alles in Ordnung!“ verkündete Mona den wartenden Delphinen.

Es war so, als habe sich ein Bann gelöst. Alles wurde wieder heiter und beschwingt. In Begleitung zweier Delphine schwammen sie nun durch die Halle, machten vor den Grotten Halt und Ronald fotografierte die seltsamen Zeichen und Formeln, die über den einzelnen Grotten im Fels zu lesen waren. Dann erreichten sie auch den runden Durchschlupf und sowohl Buffy, als auch Tuffy schwammen in diesen Tunnel hinein, der von der anderen Seite Licht bekam.

„Dürfen wir nicht auch ’mal sehen, was sich dort drinnen verbirgt?“ fragte Ronald.

Mona wandte sich an ihre Begleitung. Sie durften, und hintereinander schwammen sie in einen Raum hinein, der allen Dreien fast die Sprache verschlug. Was sie sahen, erinnerte an einige der Science-fiction-Filme der späten achtziger Jahre. Sie schwammen, wenn Ronald dies richtig verstand, in einer riesigen Lunge, und das was sich auf ungeklärte Art und Weise in dem durchsichtigen Gebilde bewegte, war Wasser, das aus einem Filter in der Felswand mit starkem Strom durch diese Art Lunge schoß und am jenseitigen Ende wieder durch eine ähnliche Öffnung verschwand.

„Was ist das, Mona?“ fragte Ronald überrascht.

„Das ist eine automatische Lunge, die den im Meerwasser enthaltenen Sauerstoff herausfiltert und durch jenen Abfluß dort unten in der Lunge in einen der Nebenräume schafft.“

„Können wir den auch sehen?“ fragte Ronald. Mona wandte sich an die beiden Delphine. Diese antworteten zustimmend und Mona übersetzte: „Es können nur zwei Personen mitkommen, dann eine allein“, übersetzte sie. „Ihr Beide also zuerst!“

Juliane und Ronald schwammen in eine Schleuse hinein und als sie diese passiert hatten, befanden sie sich in einem Raum, an dessen Längswand in den seltsamen Zeichen der Silberdelphine eine Formel stand. Zwei Delphine schwammen an ihnen vorbei in die Schleuse zurück.

„Nichts Besonderes in diesem Raum“, meinte Juliane. Als habe der eine der Delphine sie verstanden, führte er sie an der Hand zum jenseitigen Ende des Raumes, wo zwei Ausnehmungen in den Felsen eingebohrt waren. Die Löcher waren mit einem elastischen Material so umkleidet, daß sie dessen Wirkungsweise nicht erkennen konnte. Der zweite Delphin schwamm jetzt nach vorn, steckte seine lange Nase in diese Ausnehmung hinein und verschwand fast mit dem ganzen Kopf darin. Als er nach einer Minute wieder in den Raum zurückwich, schnatterte er ebenfalls etwas.

„Wir hätten beide Male Mona mit einem von uns einschwimmen lassen müssen“, sagte Ronald.

„Nicht nötig, ich glaube ich verstehe es auch mit dem Voice Decoder“, rief Juliane erleichtert. „Das ist so eine Art von Atemmaske, aus der sie Sauerstoff inhalieren. Deshalb brauchen sie die Unterwasserstadt auch nicht zum Atemholen zu verlassen.“

„Außerdem sind sie dank ihrer besonderen Lungenstruktur und ihrer unter Wasser stark reduzierten Herz- und Pulsfrequenz in der Lage, viermal so lange unter Wasser zu bleiben und ohne frischen Sauerstoff auszukommen, wie normale Delphine“, erklärte Ronald, der einen Bericht darüber von Professor Dasjarks gelesen hatte.

Der Delphin forderte sie nun auf, zurückzuschwimmen. Sie folgten ihm durch die Schleuse in die Wasserlunge und berichten Mona von dem, was sie mehr ahnten als genau wußten.

„Dann will ich ’mal nachsehen und versuchen, so viele Informationen wie möglich zu erhalten“, sagte Mona und verschwand im Innern dieser künstlichen Lunge.

Mona blieb bedeutend länger dort und erst als zwei Delphine auftauchten, und sich auf ihre besondere Schnalzlautart vernehmbar machten, kamen Mona und der Begleitdelphin aus dem Luftspenderraum zurück.

„Ich habe alles aufgenommen. Das wird für Professor Waters eine Sensation werden. Sicherlich birgt auch die Kapsel noch einige Neuigkeiten.“

„Dann sollten wir den Entführern der beiden Silberdelphine dankbar sein, daß sie uns diese Chance gegeben haben“, meinte Ronald.

„Pfui, das ist nicht schön von dir, die Entführung derart auszuschlachten und so zu betrachten.“

„Tue ich auch nicht, Schwesterherz. Aber wenn wir schon mal hier sind, ist es doch gut, daß wir zusätzliche Informationen über die Unterwasserstadt der Delphinmenschen erhalten, zumal im vergangenen Jahr nach meinem Begriff die Ausbeute etwas mager war.“

„Natürlich hat Ronald recht“, warf Mona ein. „Auch wir wünschen keine Entführung der Silberdelphine. Aber da es nun einmal geschehen ist, können wir auch davon profitieren.“

Sie schwammen in Begleitung der beiden Silberdelphine zurück und waren kurz darauf wieder in der großen Halle. Die beiden Delphinherrscher waren verschwunden. Stattdessen flankierten zwei Delphine als Wächter den Stein, der offenbar den Thronsitz des Herrscherpaares darstellte.

„Wir schwimmen zurück zum Boot und kehren nach Wascertown zurück“, befahl Mona nach einem Blick auf ihre Unterwasseruhr.

„Buffy und Tuffy, verabschiedet euch. Wir schwimmen zurück!“ rief Juliane ihre beiden Delphine herbei, die in einer Gruppe anderer Delphine herumschwammen und offenbar ihre Erlebnisse in der weiten Ozeanwelt zum besten gaben.

„Paß nur auf, daß wir nicht eine Silberdelphin-Invasion erleben“, warnte Ronald seine Schwester.

„Sicherlich nicht“, fiel Mona ein. Sie verabschiedete sich von den Delphinen und Silberpfeil begleitete sie zum Ausgang, wobei er durch bestimmte akustische Befehle die Schleusen öffnete.

An der üblichen Stelle verabschiedete auch er sich. Mona erklärte ihm, daß sie bald wiederkommen und hoffentlich die beiden entführten Delphine mitbringen würden.

Der „Dolphin Shorty“ kam herbei und die drei kletterten über die ausgefahrene Leiter in die Schleuse des Tieftauchbootes hinein.

„Zurück nach Wascertown!“ rief Ronald dem Kapitän des Bootes zu. Er zog sich die Kopfhaube vom Kopf und wischte sich über das schweißnasse Gesicht.

„Das war eine Sache!“ ließ sich Juliane vernehmen.

„Professor Waters wird sicher überraschte sein, wenn ich ihm Meldung erstatte“, sagte Mona.

„Vielleicht werden wir heute Abend eine Versammlung der Experten erleben. Darauf freue ich mich ganz besonders“, meinte Ronald.

Als sie die Schleuse in Wascertown passiert hatten, waren auch Buffy und Tuffy durch den Delphinkanal in die Stadt und auf direktem Wege durch den Zuführungskanal ins Delphinarium zurückgekehrt.

Die Spiralstraßen von Wascertown waren jetzt mit mehr Menschen belebt. Sie trugen moderne Kleidung und alles, was sie auf dem Leibe trugen, war nach Monas Erklärung aus dem Meer gekommen. Die Stadt unter Wasser war völlig autark, sowohl was die Lebensmittel anging, als auch in Bezug auf Kleidung und die Versorgung mit Energie.

Die künstliche Sonne am Himmel der Stadt war synchron zur allgemein üblichen Zeit weiter herumgewandert. Nichts deutete darauf hin, daß dies eine künstliche Lichtquelle war. Täuschend ähnlich stand der Feuerball am Zenith und wenn Ronald und Juliane nicht gewußt hätten, daß dies eine raffinierte Art war, den Lebensrhythmus der Menschen unter Wasser dem auf der Oberfläche der Erde anzupassen und ihnen das Gefühl zu geben, daß es Tag war, und Abend und Nacht wurde, um wieder Tag zu werden, dann hätte man dies hier für ein kleines Universum in sich ansehen können.

Professor Waters erstattet Bericht

Als der „Deepking“ im Unterwasserhafen von Wascertown festgemacht hatte, standen Ronald und Juliane Golff auf der Pier, um ihren Vater und Dr. Mitchener zu begrüßen, die zur abendlichen Besprechung mit Professor Waters hinzugezogen werden sollten.

Als erster stieg Commander Dr. Golff aus dem Ausstieg des „Deepking“ auf die Pier. Juliane lief auf ihren Vater zu und umarmte ihn. Der Commander brauchte sich nicht mehr zu seiner Tochter herunterzuneigen, denn Juliane war inzwischen eine junge Dame geworden und fast so groß wie ihr Vater. Dennoch küßte sie ihn auf die gleiche kindliche Art früherer Tage auf beide Wangen, was James Mitchener zu einem leichten Schmunzeln veranlaßte.

„Guten Abend, Doktor Mitchener“, grüßte Ronald inzwischen den Nautiker und Nachrichtenexperten des „Meerpfeils“. „Haben wir etwas verpaßt, als es darum ging, die vier Männer zu entseuchen?“

„Keine Spur, Ronald. Sie waren nur leicht radioaktiv verseucht, und ihre Radioaktivität lag weit unter der akuten Gefahrenschwelle. Aber Vorsicht war immerhin geboten.“

„Wo sind die vier jetzt?“

„Sie wurden von dem Flugboot ‚Nautilus‘ abgeholt und in die Quarantänestation auf die Südinsel von Neuseeland nach Dunedin geflogen.“

„Und ihr habt sie nicht befragt, was mit der Unterwasserstadt ist?“ fragte Ronald enttäuscht und begrüßte nun auch seinen Vater.

„Wir haben ihnen schon die Würmer aus der Nase gezogen, wie du es formulieren würdest", erwiderte der Commander anstelle von Dr. Mitchener, der nun von Juliane mit Beschlag belegt wurde.

„Dann schieß los, Daddy!" forderte Ronald den Commander auf.

„Später, später! – Erst muß ich Commander Jones begrüßen!"

Dr. Alec Golff schritt gemessen auf den Mann in der Uniform der Internationalen Meeresschutzbehörde mit dem Emblem von Wascertown auf der Brust zu. Beide salutierten und Dr. Golff sagte:

„Melde mich in Wascertown, Commander."

„Herzlich willkommen, Commander!" erwiderte Jones gemessen, dann ging er lebhaft auf den Freund vergangener Tage bei der Navy zu und schlug ihm auf die Schulter: „Menschenskind, Alec, wie ich mich freue! Ich glaube, die Navy hat uns immer in die entgegengesetzten Weltenden verschlagen. Wir haben uns eine Ewigkeit nicht mehr gesehen."

„Stimmt, alter Junge! Das letztemal waren wir an Bord des Kernkraft-U-Kreuzers ‚Washington' zusammen", entgegnete Dr. Golff.

„Wollen wir wetten, daß euer Daddy auch Tag und Stunde nennen kann, Youngster", wandte sich Commander Jones an die beiden Golff-Kinder, die diese Begrüßung mit einigem Erstaunen beobachtet hatten.

„Wette gewonnen", gab sich Ronald geschlagen. „Gegen Daddy ist der Hauptcomputer in Washington nur ein unwissendes Stück Blech."

Kapitän Leukas hatte inzwischen seine Weisungen gegeben und verließ ebenfalls das Boot. Ihm folgte Hanns Helms.

„Onkel Leukas, hast du auch die Arrestkammer untersuchen lassen?" fragte Juliane besorgt. Das breite Gesicht des Kommandanten des „Deepking" verzog sich zu einem Lächeln, so daß aus dem dichten Bartgestrüpp eine Doppelreihe großer Zähne sichtbar wurden.

„Na klar, Mädchen! Ich hänge doch sehr am Leben und möchte noch viele gute Mahlzeiten essen."

„Dann kannst du dich hier auf Meeresfrüchte, Algensalat und Antarktika-Krill mit Krillsaft und Muschelsteak einrichten", warnte Ronald.

„Das klingt alles ein wenig zu exotisch", sagte der Kapitän und verzog angewidert das Gesicht. „Hoffentlich ist es ungiftig?"

„Wir leben jedenfalls noch, und Doktor Dasjarks scheint es auch gut zu bekommen."

„Da kommt übrigens unser Eierkopf!" sagte Ronald und deutete zur Eingangstür, die zurückrollte und den Wissenschaftler in den großen Hafen- und Landeraum einließ.

Die Begrüßung war ebenso herzlich wie jene vorhin zwischen den beiden Jahrgangskameraden.

„Kommt, ich bringe euch zur Zentrale von Professor Waters. Habt ihr die Aussagen der vier Gefangenen und alles andere parat?"

Dr. Golff blickte seinen ehemaligen Leutnant fragend an. Dr. Mitchener nickte nachdrücklich und deutete auf die schmale Aktentasche, in der er die Video- und die Logbuch-Sprechbänder trug.

„Dann los!"

Während sie über den breiten Gehweg der Spiralstraße durch Wascertown gingen, berichtete Juliane ihrem Vater, daß nun auch die Frage der Versorgung der Unterwasserstadt der Delphine mit Atemluft gelöst sei.

„Eine riesige Lunge, die dem Meer ununterbrochen den im Wasser enthaltenen Sauerstoff entzieht und in irgendeinen Vorratsraum schleust, aus dem er durch zwei Atemmasken geatmet werden kann. Ähnlich den Sauerstoffduschen in den Krankenhäusern und mobilen Rettungsstationen."

Es war später Nachmittag geworden. Die Sonne ging eben am künstlichen Himmel über Wascertown unter, die ersten Lichter der Sterne erglommen in der riesigen Kuppel über der Stadt, und weit hinten am Rande des künstlichen Horizontes, sehr niedrig stehend, wie es der Jahreszeit entsprach, sahen sie die schmale silberne Barke des Mondes in genau den richtigen Proportionen zum Himmel, so daß er wirklich echt wirkte.

Sie erreichten das Ende der Spirale und befanden sich plötzlich in einem dichten Garten, in dem Hibiskus und andere Sträucher blühten und einen feinen Duft verströmten. Ein paar Schritte weiter erreichten sie das Stahltor. Hier wurden sie von Dr. Mona Dasjarks empfangen, die das Tor mit der eingeschobenen Codekarte öffnete.

„Bitte folgen Sie mir auf die Terrasse!" sagte sie, nachdem sie den Herren vorgestellt worden war. Kapitän Leukas und Hanns Helms kannte sie bereits vom vorigen Jahr. Aber Dr. Mitchener und Dr. Wallace vom „Meerpfeil" kannten die „Dompteuse der Delphine" noch nicht.

Sie gingen über die Steinplatten des Hofes, die wie von innen heraus erleuchtet schienen und erreichten den Patio, der Juliane auch beim zweitenmal wieder einen leisen Ruf des Entzückens entlockte. Der Innenteil dieses „U" wurde von einer Reihe großer Aquarien gebildet, in denen Professor Waters die seltensten Fische des Weltozeans beherbergte.

Im Mittelpunkt dieses „U" stand Professor Waters, der Senior der Forschung über terrestrische Wesen aus der Tiefsee. Commander Dr. Golff begrüßte seinen alten Lehrer herzlich, und es sah so aus, als hätten sie sich ewig nicht gesehen, obgleich vor genau einem Jahr zur gleichen Stunde hier eine ähnliche Besprechung stattgefunden hatte, die sich ebenfalls um das Reich der Delphinmenschen gedreht hatte.

Sie gingen in den großen Konferenzraum und ließen sich auf den mit Namensschildern versehenen Plätzen nieder. Mona saß mit Ronald und Juliane zusammen ziemlich vorn.

Ihnen gegenüber an der Wand leuchtete bereits die Karte des Unterseegebietes des Admiralitätsgebirges und darüber jene Goldfolienkarte, die sie beim ersten Besuch in der Unterwasserstadt erhalten hatten.

Als Professor Waters an das Sprechpult trat, wurde es augenblicklich still.

„Meine sehr verehrten Damen, meine Herren Kollegen, liebe Kinder! Ich begrüße Sie herzlich in Wascertown und will keine langen Vorreden halten, sondern gleich zur Sache kommen.

Dr. Mona Dasjarks ist vor drei Stunden mit Ronald und Juliane Golff von einer Exkursion aus der Unterwasserstadt der Delphine zurückgekehrt. Sie brachten in einer Stahlröhre eine neue Goldfolienschrift mit, die ich jetzt auf die Wand projizieren werde."

Der Professor drückte auf einen Auslöser und schon erschien auf der Karte, dort wo die Unterwasserwelt von bizarren Felsen durchstoßen wurde, eine Aufzeichnung, die ihnen zeigte, daß hier jenseits einer Felsenbarriere eine zweite Unterwasserstadt gewesen sein mußte. Darunter standen ein paar Zeichen.

„Dies ist Delphin Citadel, so konnten die Zeichen aufgrund des ersten Alphabets der Delphinsprache, das in der Entwicklung steckt und von unserem Senior Professor McCaine entwickelt wurde, entziffert werden. Hier hat vor drei Jahrhunderten eine Kernfusion stattgefunden, dabei einen Eingang der Stadt verschüttet und ein Strahlungsgebiet verursacht, das sich in Richtung Stadtzentrum ausbreitete.

Die Bewohner dieser Stadt haben daraufhin das strahlenverseuchte Gebiet auf uns unbekannte Weise neutralisieren lassen und sich danach in ihr jetziges Delphinreich zurückgezogen. Das haben sie durch den Einbau einer künstlichen Lunge bewohnbar gemacht."

„Was ist nun mit den beiden entführten Silberdelphinen

und den Unterwasserbanditen in der verlassenen Stadt?" warf Dr. Dasjarks ein. „Besteht die Gefahr, daß sie ebenfalls strahlenverseucht sind?"

„Es ist nicht damit zu rechnen", erwiderte Professor Waters. Ein Knopfdruck ließ eine zweite Karte über der ersten erscheinen. „Wie Sie sehen, befindet sich hier eine Sperrwand, die den hinteren Teil mit dem Zerfallstoffherd abschirmt. Der schmale Ausgang ist von unten gesperrt worden, wie Sie an der Schleuse erkennen. Es ist nicht zu befürchten, daß die Unterwasserbanditen in das verseuchte Gebiet gelangen."

„Es ist aber auch nicht auszuschließen, Professor?" warf Commander Dr. Golff ein.

„Das ist es leider nicht", gab dieser zu.

„Dann sind die Silberdelphine in Gefahr!" rief Juliane mit zitternder Stimme.

„Das ist leider auch nicht völlig auszuschließen", antwortete der Professor.

„Dann müssen wir diesen Lightning sofort warnen", forderte das Mädchen resolut und sprang auf. Ihre Wangen waren gerötet, und ihre Augen blitzten kriegerisch, als ihr Vater warnend die Hand hob, um sie zum Schweigen zu veranlassen.

„Schon recht, Juliane. Ich erkenne in dir deinen Vater", entgegnete Professor Waters, und ein leichtes Lächeln erschien auf seinen asketisch schmalen Gesichtszügen.

„Setz dich!" zischte Ronald seiner Schwester zu. „Zieh nicht so eine Schau ab!"

„Was wollen Sie tun, Professor Waters?" fragte nun auch Mona, um Juliane beizustehen, die mit hilflos herunterhängenden Armen dort stand und der bereits Tränen in die Augen stiegen.

„Wir werden sie warnen, das ist unsere Pflicht, selbst Kidnappern gegenüber. Was sie dann tun werden, ist allerdings nicht in unsere Macht gegeben."

„Wenn sie nicht freiwillig austauchen, dann werden wir unseren Plan ‚Kobra' in die Tat umsetzen, der die meiste Aussicht auf Erfolg verspricht", warf Commander Dr. Golff ein.

„Bitte, tragen Sie vor, Alec!" forderte Professor Waters den Chef des „Meerpfeils" auf. Er ging langsam zu seinem Sessel hinüber und ließ sich hineinsinken.

„Ich sollte vorausschicken, daß die vier Festgenommenen, die Kapitän Leukas an Bord unseres Schiffes brachte, von uns befragt wurden. Sie haben uns eine genaue Skizze der Unterwasserstadt angefertigt, die ich jetzt auf die Landkarte projizieren werde."

Commander Dr. Golff hatte das Videoband in das neben dem Pult stehende Gerät gesteckt und gestartet. Auf der Unterwasserkarte tauchten nunmehr die Umrisse der heute benutzbaren Räume der Unterwasserstadt auf.

„Wie Sie sehen", fuhr der Commander fort, „ist der Hauptteil begehbar. Dort hinten ist der Delphinausstieg für das Luftholen an der Wasseroberfläche. Dieser Schacht ist unten gesperrt. Und dann gibt es noch eine Art von Kanal, der hier in den Krater hineinführt. Auf dem Grund des Kraters befindet sich eine große Schleusenkammer, die durch ein Felsschott versperrt ist. Darin hat Lightning mit zwei Unterwasserrobotern eine Pier für ein Arbeitsboot der Klasse Scrumbler 2000 anlegen lassen, nachdem er den Auftrag erhalten hatte, zwei Silberdelphine zu entführen. Dieses Boot ist sein Fluchtschiff. Außerdem sind nach dem Verlust des einen Bootes, das der ‚Deepking' stellte und das dann gesprengt und selbstvernichtet wurde, noch zwei Boote vorhanden. Ein sehr kleines Zweimannboot, das durch die Schleuse in die Unterwasserstadt gelangt ist, und ein sehr schnelles Kriegsfahrzeug mit Ferntorpedos, die jedes Ziel durch Fernsteuerung erreichen und in die Luft sprengen können. Dieses Boot patrouilliert um den Krater und die umliegenden Gewässer über der Stadt. Sein Rundumradar und eine ebenfalls 360 Grad zu schwenkende Schallbildkamera, die auf jedes unbekannte Geräusch anspricht, ist imstande, jeden Gegner zu entdecken. Dieses Boot ist unser Hauptfeind. Wir müssen es ausschalten!"

„Und wie wollen Sie das bewerkstelligen, Commander?" fragte Commander Jones, der Sicherheitschef von Wascertown. „Ich kenne dieses Boot mit dem Namen ‚Battleaxe'. Es ist einfach unschlagbar. Kein anderes Boot kann herankommen, weil es jedes Motorengeräusch und jeden festen Körper aus mindestens 15 Meilen Distanz orten kann."

„Wir wollen es nicht mit einem anderen Boot angreifen", entgegnete der Commander.

„Wollen Sie ihm aus dem ‚Meerpfeil' Steine auf den Kopf werfen, lieber Alec?" fragte Commander Jones.

„Nein, das nicht. Aber wir haben schließlich Buffy und Tuffy."

Verblüfft verstummten die leisen Austauschgespräche, die eingesetzt hatten, als es um die Möglichkeit ging, ob dieses Boot von Lightning zur Strecke gebracht werden konnte.

„Soll das heißen, daß meine beiden Delphine sich der Gefahr aussetzen sollen, ebenfalls gekidnappt zu werden?" rief Juliane aufgeregt.

„Du hast richtig verstanden, aber wir werden dafür sorgen, daß dies nicht eintritt und d e i n e beiden Delphine wohlbehalten wieder an Bord des ‚Meerpfeils' zurückkommen werden", beruhigte Commander Golff seine Tochter. „Schließlich haben wir Buffy unter ausdrücklichem Hinweis auf seine mögliche Tätigkeit zugunsten des ‚Meerpfeils' in Point Mugu losgeeist. Wir haben ihn mitgenommen, weil wir der Überzeugung waren, daß er uns gute Dienste würde leisten können."

„Ja, schon, aber nicht solche gefährlichen Sachen!"

„Ich verspreche dir, daß sie nicht gefährlich sind, und wenn du mich ausreden lassen würdest, wären wir schon weiter. Wir haben alle keine Zeit zu verschenken."

„Ganz so würde ich das nicht sehen“, meinte Professor Waters mit einem leichten Schmunzeln. „Ich denke, daß die Besorgnis deiner Tochter berechtigt ist, Alec, sofern du uns nicht jetzt eröffnest, was du vorhast.“

„Also, wir werden das folgendermaßen machen. – Ich bitte um die Vergrößerungskarte des Nahbereiches der verlassenen Unterwasserstadt der Delphine.“

Als der Kartenausschnitt auf der Wand erschien, deutete Commander Golff mit dem elektronischen Anzeiger auf den Eingang in die Unterwasserstadt.

„Hier befindet sich die erste Sperre, die stets eingeschaltet ist und Lightning alarmiert, sobald ein Gegenstand, der größer als eine Makrele ist, die Schaltschwelle passiert. Wenn wir nun mit dem ‚Meerpfeil‘ von der entgegengesetzten Seite anlaufen und vom Gegner erfaßt werden, schwimmen die Delphine bereits mit dem ‚Deepking‘ von der anderen Seite heran. Sie schwimmen direkt auf die Alarmschwelle zu, während der ‚Deepking‘ hinter der letzten Felsrippe in Deckung und für die Schallortung unerreichbar stehenbleibt. Tuffy, der Silberdelphin, wird von Buffy zur Sperre gejagt. Er dreht und Buffy dreht mit. Das wird so lange wiederholt, bis die Wache aufmerksam wird. Wie ich Lightning alias Hunter Brooke kenne, wird er sich die günstige Gelegenheit, einen dritten Silberdelphin zu erjagen, nicht entgehen lassen und ihn verfolgen. Buffy und Tuffy müssen genaue Weisungen erhalten, daß sie vor der Felsenrippe her schwimmen und die Verfolger um den Felsen herumlotsen. Dort wird der ‚Deepking‘ den Verfolger mit seinen Waffen kampfunfähig machen und entern. Ich habe bereits die Unterwasser-Sicherheitsgruppe (USG) verständigt. In genau einer Stunde wird sie am Überwasserhafen von Wascertown abgesetzt und an Bord des ‚Meerpfeils‘ gebracht werden. Es sind die besten Techniker, die wir haben. Sie beherrschen die Steuerungssysteme aller Tauchboote und wissen auch ihre Sonderwaffen einzusetzen.“

„Und was ist zum weiteren Schutz der Delphine getan?" fragte Professor Waters weiter.

„Sie werden unter Führung des ‚Silver' zum ‚Meerpfeil' schwimmen, der in der Zwischenzeit das Unterwasser-Felsennest umrundet hat und auf dem Punkt Dora Cäsar 12 eintreffen wird, wenn die Delphine dort ankommen."

„Ist das Timing gesichert?" fragte Commander Jones.

„Wir haben Buffy bereits früher mit dem Minisender vertraut gemacht. Wenn er seine Verfolger hinter sich weiß, wird er den Sender einschalten, und wir werden ihn ständig unter Kontrolle haben und seinen Weg verfolgen können."

„Die Sache ist gut durchdacht. Es gibt keine Schwachstellen", warf Kapitän Leukas ein.

„Also schön, genehmigt! Und wie wollen wir die beiden Silberdelphine aus der Unterwasserstadt herausbekommen? Schließlich hat die Sondergruppe der USG keine Erfahrungen mit Delphinen."

„Ich fahre mit ihnen hinein!" erbot sich Juliane spontan, in dem Bewußtsein, dann die Delphine unter eigener Kontrolle zu haben.

„Abgelehnt", erwiderte Dr. Golff mit einer Stimme, die seinen beiden Kindern verriet, daß es hierüber keine Diskussion gab.

„Dann könnte ich doch eine Reihe Befehle auf Band speichern, die den Delphinen abgespielt werden", meldete sich Dr. Mona Dasjarks, nachdem sie durch ein aufleuchtendes grünes Lämpchen dazu aufgefordert worden war.

„Das ist der Punkt. Wir müssen uns einig werden, welche Befehle und Weisungen wir benötigen. Dazu könnten Sie sich nachher mit uns zusammensetzen, sobald die Einsatzgruppe im Überwasserhafen ist", schloß Commander Dr. Golff diesen Besprechungspunkt ab.

Was folgte, waren die Routinefragen und Antworten, beispielsweise wie die Unterwasserstadt Delphin Citadel beschaffen war und welche Hindernisse die Kampfgruppe überwinden mußte, bevor sie zu den beiden unter Verschluß gehaltenen Silberdelphinen gelangt war.

Die staunenden Golff-Kinder erfuhren, daß es in dieser ersten Unterwasserstadt ebenfalls eine Atemluftzufuhr gab und seltsamerweise ein Unterwasserhaus mit normaler Atmosphäre vorhanden war. Wozu die Delphine dieses benötigt hatten, schien ihnen schleierhaft.

Die Besprechung ging zu Ende, und mit Mona und Commander Dr. Golff gingen Ronald und Juliane als Professor Waters' Gäste ins Haus. Hier stießen sie auf Dr. Bush, der die Sprache der Silberdelphine auf jene der normalen Delphine abgestimmt hatte. Er sollte Mona behilflich sein, Befehle zu entwerfen, die sowohl den Silberdelphinen als auch Buffy verständlich waren.

Ronald und Juliane gingen an den Becken mit den vielen Fischen vorbei. Sie sahen schöne und häßliche Fische, bunte und beinahe farblose, schwarzgefärbte und solche, die beinahe durchsichtig wie aus Glas waren.

In der großen Halle sahen sie durch die Glasdecke den phantastischen Sternenhimmel. Die Sternbilder kamen ihnen bekannt vor, und sie fanden gleich darauf des Rätsels Lösung, als Dr. Bush ihnen berichtete, daß dies der Himmel über La Jolla in Kalifornien war, der mit allen auch dort sichtbaren Sternen und Sternzeichen nachgebildet war.

Diese Halle bei Professor Waters war ein wahres Museum der Geschichte der Eroberung und Durchdringung der dritten Dimension der Erde, der Tiefe des Meeres. Sie sahen die ersten Taucherausrüstungen, die Aqualunge und die verschiedenen Panzertauchgeräte, die Mark-Marine-Tauchausrüstungen und die Darstellung der Atemgemische bis zu 2.500 Meter Tiefe.

Hier konnten sie ebenso plastisch erkennen, warum auch Armand Lebrun und sein Freund Iwan Serpuchow unter Wasser leben konnten, ohne Atemgeräte benutzen zu müssen. Sie konnten an den farbigen Zeichnungen sehen, daß alle Atemorgane der beiden Taucher mit einer keimfreien unschädlichen Flüssigkeit gefüllt und hermetisch verschlossen waren. Dadurch konnte kein Meerwasser in ihre Lungen und von dort ins Blut gelangen. Durch einen Sauerstoffinfiltrator wurde ihnen der Sauerstoff in den benötigten Dosierungen direkt in den Blutkreislauf eingeführt.

„Das ist einfach phantastisch, Dr. Bush", sagte Ronald, als der Sprachwissenschaftler sich zu ihnen gesellte, um mit Juliane über Buffy und Tuffy zu sprechen, die ja auch ihre Befehle erhalten mußten.

„Ja, es ist kaum zu glauben. Noch vor zwei Jahrzehnten schien diese Art des Lebens unter Wasser völlig ausgeschlossen zu sein. Dann aber erkannte man, daß für Taucher, die auf diese Weise Sauerstoff erhielten, die Dekompressionszeit entfiel, daß sie keinen Druckfallkrankheiten ausgesetzt waren und keinen Tiefenrausch erlitten. Sie sind in jeder Wassertiefe einzusetzen und können sofort wieder an Bord genommen werden."

„Und bleiben sie ewig in diesem Zustand?" fragte Juliane und spürte, daß ein Schauder sie packte. „Ich denke mir, daß sie auch einmal von diesem Leben genug haben werden."

„Dafür ist gesorgt! Am Ende ihres auf sechs Monate angesetzten Einsatzes bedarf es lediglich der Entfernung der Flüssigkeit aus den Lungen, der Neueinstimmung auf die Lungenatmung und einer gewissen Eingewöhnungszeit, bis sie wieder wie du und ich atmen können und sich dadurch in Landbewohner zurückverwandelt haben."

„Haben Sie nicht vor einiger Zeit einen Bericht verfaßt, in dem das Problem der Übertragung der Delphinatmung auf Menschen behandelt wurde, Dr. Bush?" fuhr Ronald in seiner Befragung des Wissenschaftlers fort. „Ich wundere mich jedenfalls immer, wenn ich feststelle, wie lange Buffy unter Wasser bleiben kann und daß Tuffy ihn darin noch überbietet."

„Dazu müßten wir uns erst einmal die Beschaffenheit der

Delphine näher vor Augen führen", dozierte Dr. Bush. „Bereits seit den ersten Versuchen des Unterwasserlebens in den Operationen ‚Sealab I bis III' unter dem damaligen Marinemediziner Captain George Foote Bond wurde erkannt, daß Meeressäugetiere, beispielsweise Seehunde und vor allem Delphine, gute Gehilfen für Unterwasserteams sind und bei speziellen Unterwasseraufgaben große Einsatzchancen haben. Seehunde können beispielsweise eine halbe Stunde unter Wasser bleiben. Wale tauchen bis zu zwei Stunden und gehen bis in Tiefen von 900 und mehr Meter hinunter. Damit diese Tiere die hohen hydrostatischen Drücke aushalten und ihr Atemvorrat so lange ausreicht, müssen sie sehr stark an das Element Wasser angepaßt sein."

„Die müssen ja gewaltige Lungen haben", warf Ronald ein.

„Unsinn", mischte sich Juliane ins Gespräch. „Sie haben im Vergleich ihres Körpergewichtes zu unserem nicht größere Lungenvolumen als wir. Aber sie wenden bestimmte Techniken an, mit denen sie die eingeatmete Luft besser nutzen können. Und außerdem können sie ihren Herzschlag unter Wasser verringern und . . ."

„Ja, und wenn sie sich auf Grund legen und schlafen, brauchen sie überhaupt nicht mehr zu atmen", meinte Ronald und grinste spöttisch-belustigt über die Naivität seiner Schwester.

„Nun, deine Schwester hat nicht unrecht, Ronald! So ähnlich ist das auch, und du solltest es eigentlich wissen, als Redakteur einer Collegezeitung."

„Immer auf die Schwachen im Geiste!" rief Ronald anklagend.

„Ich glaube, wir sollten deinen Bruder aus dem Zustand völliger Unwissenheit erlösen, Juliane."

„Ja, seien wir sozial, helfen wir ihm! Wenn ich auch gewisse Befürchtungen hege, was seine Aufnahmefähigkeit anlangt."

„Vielleicht versucht ihr es trotzdem“, sagte Ronald kein bißchen wütend.

„Alle Meeressäugetiere“, fuhr Dr. Bush in seiner Vorlesung fort, „haben ein sehr großes Atemvolumen, das – wiederum auf ihr Körpergewicht bezogen – bis zu achtmal größer als jenes der Menschen ist.“

„Also, die Lungen sind im Verhältnis nicht größer, aber achtmal so wirksam; und wie geht das?“ warf Ronald ein.

„Diese Meeressäugetiere leeren bei jedem Ausatmen ihre Lungen fast völlig, so daß die Sauerstoffausnutzung optimal ist. In unseren Lungen bleibt immer ein großer Rest Atemluft zurück, nachdem wir ausgeatmet haben, so daß der neue Atemzug auch nur den verbleibenden Raum auszufüllen vermag. Der dadurch in ihrem Körper vorhandene Sauerstoff bewirkt, daß auch bei längerem Tauchen keine ohnmachtsähnlichen Zustände auftreten, wie dies beim Menschen der Fall ist. Wenn sie abtauchen, dann atmen sie teilweise aus, was ihren Auftrieb verringert.“

„Das kann aber nicht der einzige Grund dafür sein, daß sie so tief und so lange tauchen können.“

„Stimmt! Hinzu kommt, daß der Stoffwechsel, der Herzschlag und alle Körperfunktionen der Delphine sich unter Wasser verlangsamen und dementsprechend weniger Sauerstoff verbraucht wird.“

Schon wollte Juliane weitere ergänzende Anmerkungen einbringen, als Mona ihr zuwinkte. Es ging darum, nun auch für Buffy und Tuffy Befehle festzulegen, die mittels des Vocoders auf Band gesprochen werden sollten. Das kleine Bandgerät, das den beiden mitgegeben werden konnte, war durch Fernimpulse auszulösen und würde Buffy und Tuffy die notwendigen Weisungen zur rechten Zeit geben, wobei Zwischenbefehle durch Schnellabspulen übergangen werden konnten.

„Delphine sind wunderbare Lebewesen, nicht wahr, Dr. Bush?“ sagte Juliane mit Hingabe und verklärtem Gesichtsausdruck, als sie wieder zurückgekommen war. „Eigentlich schade, daß nur so wenige Menschen mehr von ihnen wissen, als daß sie in den großen Aquarien der Zoos nach Heringen springen, Bälle fangen und ihre Possen reißen."

„Es sieht so aus, als sollten Delphine nun aber ihre alte ganz besondere Bedeutung zurückgewinnen."

„Ich höre immer zurückgewinnen, Doktor. Hatten sie denn jemals eine solche Bedeutung?"

„Gewiß, Ronald. Der Delphin war im Altertum ein Symbol der Götter und ihrer Herrschaft über das Weltmeer; das Lieblingstier des Meeresgottes, Poseidon, war der Delphin."

„Und auch für den Schutz der Meerfahrt waren Delphine Sinnbilder", bemerkte Juliane. „Ich erinnere nur an Apollon Delphinios. Und als Poseidon sich um Amphitrite bewarb, wurde ein Delphin zu seinem Helfer. Dafür wurde dieser Delphin aus Dankbarkeit als Sternbild an den Himmel versetzt."

„Ich wußte gar nicht, daß du eine so poetische Schwester hast, Ronald", bemerkte Dr. Bush.

„Das wußte ich ja selber nicht. Das hat sie verflixt lange geheimgehalten", entgegnete Ronald.

„Man sollte sich eben über alles erkundigen, was die Lebewesen angeht, die man gern hat", konterte Juliane. „So wie du dich beispielsweise ständig nach Mona erkundigst, versuche ich etwas mehr über meine Schutzbefohlenen zu erfahren. Sagen Sie, Doktor, gibt es nicht sogar eine Maori-Legende, in der Delphine eine Rolle spielen?"

„Das stimmt!" sagte Dr. Bush überrascht. „Vor der Küste eines Maoridorfes in Neuseeland mischten sich Delphine unter die Badenden, ließen einige Auserwählte auf sich reiten und retteten zwei Kinder vor dem Tode des Ertrinkens. Dazu gibt es übrigens auch eine Story aus dem Altertum."

„Wenn es sein muß, dann heraus mit der Story!" forderte Ronald den Doktor auf.

„Der um 620 vor Christus auf der Insel Lesbos lebende griechische Dichter Arion, der übrigens als Erfinder der Gedichtform des Dithyrambos gilt und mit dieser Form erst die griechische Tragödie möglich machte, fuhr mit einem Schiff nach dem griechischen Festland, um dort bei einem Theaterwettstreit mitzuwirken. Auf hoher See versuchten die Schiffer, denen er sich anvertraut hatte, ihn auszurauben. Arion setzte sich, nachdem seine Habe genommen worden war, an Deck. Er sang noch einmal auf der Leier und stürzte sich dann ins Meer, um diesen heimtückischen Raub nicht zu überleben. Scheinbar aus dem Nichts heraus kam plötzlich ein Delphin angeschwommen, rettete ihn und brachte ihn sicher ans Festland."

„Eine wunderschöne Geschichte", sagte Juliane leise und blickte Dr. Bush dankbar an. „Da hast du es gehört! Delphine retten schon seit Jahrtausenden Menschen vor dem Tode des Ertrinkens, Delphine sind menschlich."

„Da kannst du recht haben", gab ihr Bruder zu. „Mich interessiert aber mehr, woher wir diese Geschichte wissen. Immerhin sind über 2.600 Jahre vergangen, seitdem diese wundersame Rettungsaktion passierte."

„Das ist einfach zu erklären. Der berühmte griechische Dichter Herodot hat die Geschichte niedergeschrieben. Römische Schriftsteller haben sie nacherzählt, und schließlich wurde diese Sage von den Deutschen Schlegel und Tieck übersetzt."

„Übrigens glaube ich diese Geschichte, denn bei meinen Untersuchungen über Delphine für die Collegezeitung bin ich über ein paar Meldungen gestolpert, die der Computer ausspuckte. Darin ging es ebenfalls um die Rettung von Menschen durch Delphine."

„Davon weiß ich ja nichts!" rief Juliane aufgebracht. „Warum hast du mir nie etwas davon erzählt?"

„Um dich nicht noch delphinnärrischer zu machen", antwortete ihr Bruder.

„Aber jetzt wirst du die Geschichte doch erzählen, oder?"

„Wenn du mich so höflich bittest, sage ich nicht nein. Die Story spielt seltsamerweise auch in Neuseeland, besser in der Cookstraße zwischen den beiden Hauptinseln. Dort begleitete ein Delphin, den die Schiffsbesatzungen ‚Pelorus Jack' nannten, von 1888 bis 1912 die dort laufenden Schiffe. Er war ein Flaschennasendelphin mit der Fachbezeichnung Tursiops truncatus. Wenn irgend etwas über Bord fiel, das geborgen werden mußte, dann war Pelorus Jack zur Stelle. Einmal rettete er ein über Bord gefallenes Kind. Ein anderes Mal mitten in der Nacht einen betrunkenen Seemann, als dieser über die Reling spazierengehen wollte und ins Wasser fiel. Pelorus Jack war der große Held der Cookstraße."

„Eine tolle Story!" begeisterte sich nun auch Dr. Bush. „Davon habe ich noch nie etwas gehört."

„Ich wußte doch, daß Delphine ganz besondere Tiere sind!" sagte Juliane und blickte ihren Bruder begeistert an. „Davon hättest du mir aber eher erzählen sollen. – Weißt du vielleicht auch, woher der Name Pelorus Jack kommt?"

„Klar weiß ich das! Wenn ein Journalist so eine Story bekommt, dann recherchiert er so lange, bis er die ganze Geschichte weiß. Jack wurde der Delphin zuerst genannt. Und weil er stets im Pelorus Sound, jener Bucht an der Nordostecke der Südinsel Neuseelands, zu finden war, wenn die Neuseeländer Familien dort Ferien machten, und dort ebenfalls viele Rettungstaten und tolle Streiche vollbrachte, erhielt er den Zunamen Pelorus."

„Das ist noch nicht alles über Delphine. Wie ihr sicher auch wißt, befinden sich Bilder von Delphinen auf Münzen und Vasen des Altertums. In der Rennbahn zu Olympia sind Delphine als Startmale zu sehen. Im Circus Maximus in Rom zeigten Delphinnachbildungen die Anzahl der Runden an. Delphine waren Sinnbilder für die Wasserwelt. Sie wurden auf alten römischen Grabsteinen eingemeißelt, um eine glückliche Fahrt ins Jenseits zu erbitten. Als Begleiter Neptuns, der Nereiden und der schaumgeborenen Venus ist der Delphin auf den künstlerischen Porzellanen der Renaissance zu sehen. Der berühmte deutsche Maler Albrecht Dürer hat eine Zeichnung geschaffen, die Fortuna, die Göttin des Glückes, auf einem Delphin reitend zeigt."

„Ich glaube, die Beratungen sind zum guten Ende gelangt", sagte Ronald, als er sah, daß die Herren sich erhoben. „Es war sehr schön, mit Ihnen zu plaudern, Dr. Bush."

Während des Einsatzes hatten Ronald und Juliane in Wascertown bleiben sollen, aber sie hatten erfolgreich bei ihrem Vater interveniert und durften an Bord des „Meerpfeils" zurück, um von dort aus auch den Start der beiden Delphine zu erleben.

„Wir kommen bald wieder, Mona", versprach Juliane. „Wir wollen doch die triumphale Rückkehr der beiden entführten Delphine in ihr Unterwasserreich miterleben."

„Auf bald!" sagte Mona, das Dolphin Girl, und umarmte nicht nur Juliane, sondern auch Ronald, der der angebeteten Freundin einen kräftigen Schmatz auf die Wange plazierte, was Juliane zu einem höhnischen Kichern veranlaßte. Dem heimlichen Ellenbogenstoß des Bruders wich sie geschickt aus, so daß Kapitän Leukas diesen Stoß abbekam und Ronald verblüfft fixierte.

„Willst du mit mir Streit anfangen?" fragte der Seebär und hielt Mona die braungebrannte Stirn zum Kusse hin, weil die Schifferkrause und das wallende Haupthaar kaum einen anderen freien Platz bot.

Wenig später löste sich der „Deepking" von der Pier und nahm Fahrt auf. Nachdem er die Schleuse passiert hatte, tauchten auch Buffy und Tuffy auf, die sie bis zum Oberflächenhafen von Wascertown begleiteten und sie umschwammen, als Commander Dr. Golff und James Mitchener über das Fallreep an Bord des „Meerpfeils" zurückkehrten, um das Anbordmanöver des „Deepking“ zu leiten. Juliane und Ronald kletterten ebenfalls über das Fallreep auf den „Meerpfeil“ zurück und winkten den umherschwimmenden und ihre Kapriolen treibenden beiden Delphinen zu, die einander mit hohen und weiten Luftsprüngen zu übertreffen versuchten, dann wieder fast im 50-Kilometer-Spurt davonflitzten, um abermals ihre Sprünge zu vollführen und klatschend ins Wasser zu tauchen, daß der Gischt hoch aufspritzte.

„Sieh dir das an, Ronald, ist es nicht wunderschön?“ schwärmte Juliane.

„Na ja, schwimmen und tauchen können sie und springen auch, aber im Sprechen bin ich besser!“ gab Ronald zu.

„Glaubst du, daß alles klar geht?“

„Warum sollte es nicht? Keine Bange, Schwesterchen! Buffy und Tuffy werden morgen vormittag die Helden der Stunde sein.“

„Dein Wort in Gottes Ohr“, sagte Juliane und seufzte schwer.

Der Trick gelingt

Am anderen Morgen gegen sieben Uhr marschierten die vier Kampfschwimmer der Unterwasser-Sicherheitsgruppe aus Washington zu dem Steg, der das Becken des „Deepking“ überspannte und warteten auf den Befehl zum Anbordgehen. Im Besprechungsraum des „Meerpfeils“ hatten sie ihre Instruktionen bekommen.

Ronald und Juliane standen auf dem Rand des Delphinbeckens. Sie trugen noch ihre leichten Gummianzüge, hatten aber die Sichtmasken abgelegt, als sie nach dem Herumtollen mit den beiden Delphinen aus dem Bassin hinausgeklettert waren.

„Sieh dir diese Kerls an! Jeder für sich ein wahrer Kleiderschrank. Mit denen möchte ich nichts zu tun haben, das sind ganz harte Brocken.“

„Hoffentlich machen sie alles richtig und stören Buffy und Tuffy nicht“, sagte Juliane.

„Hast du Buffy denn das Abspielgerät mit den Tonbandbefehlen umgelegt?“ fragte Ronald.

„Natürlich noch nicht! Das kommt erst, wenn sie von Bord gegeben werden.“

Commander Dr. Golff in seiner schneeweißen Uniform mit dem himmelblauen Emblem der Weltkugel und der sich grün darüberhin wälzenden Meereswoge auf der rechten Brustseite kam von der Brücke herunter, passierte den Aufbau der Ortungsgeräte und erreichte den Mittelsteg. Die beiden Golffs spitzten die Ohren. Sie vernahmen die Meldung des Team-Leaders und danach die Stimme ihres Vaters:

„Viel Glück, Männer! Und denken Sie stets daran: Ich will lebende Männer und keine toten Helden wiedersehen."

Die vier Kampfschwimmer in ihrer Sonderbekleidung verschwanden im „Deepking". Commander Dr. Golff ging auf die Brücke zurück und leitete das Ausbringen des Tieftauchbootes. Dann vernahmen Ronald und Juliane die Stimme ihres Vaters über den am Delphinbecken angebrachten Außenlautsprecher:

„Dad an Ronald und Juliane: Fertigmachen der Delphine zum Aussetzen. Tonbandgerät anbringen und Funktion überprüfen."

Juliane, den Vocoder umgehängt, kniete sich auf den Bekkenrand und rief Buffy. Der kam im Eilzugstempo angeflitzt. Das Mädchen sagte ihm die Weisungen und hängte ihm dann das Geschirr um, das durch einige Druckknöpfe festgemacht wurde. Dann probierte sie den Impulsgeber. Alles klappte, das Tonband lief und auch die Schnelltransporttaste funktionierte.

„Machs gut, Buffy! Auf Wiedersehen Tuffy!"

Beide Delphine drängten sich mit halbem Körper über den Beckenrand und erhielten von Juliane einen Kuß auf die Nase.

Der Kran schwenkte mit der „Badewanne" ein und transportierte Buffy als ersten ins Wasser. Tuffy folgte nach, und beide Delphine verschwanden nach einer kurzen Ehrenrunde im tiefen Wasser. Zur vorderen Unterwasserkamera laufend, sahen Ronald und Juliane, daß die beiden direkten Kurs auf den „Deepking" nahmen, der jetzt mit kleinster Fahrtstufe auf das Unterwasserversteck der Silberdelphinkidnapper zulief.

„An Maschinen: Beide halbe Kraft voraus!"

Der gestoppt auf dem Ausgangspunkt liegende „Meerpfeil" nahm Fahrt auf, wurde schneller und schneller und lief in weitem Bogen um das Unterwasserfelsmassiv herum.

„Was tun wir jetzt?" fragte Ronald seinen Vater, als der

Kurs eingegeben war und das Schiff sich mit 60 Knoten Fahrt der Rückseite des Felsmassivs näherte, wo die Geräuschbojen ausgelegt werden sollten, die den Gegner von der anderen Seite ablenken sollten.

„Wir werden sehen, was Lightning anfängt, wenn er die Geräuschbojen hört. Danach werden wir handeln. Auf alle Fälle müssen wir ihn ständig in Atem halten.“

An der vorher festgelegten Stelle wurde zehn Minuten später über den Steuerbordschacht der Personentransportkapseln die erste Geräuschboje hinabgelassen. Als sie sich mit ihrem spitzen schweren Fuß in den Grund gebohrt hatte, ließ der Commander sie einschalten. Durch den Detektor konnten sie nun das dauernde an- und abschwellende Geräusch der Boje hören.

Keine halbe Meile weiter fiel die nächste Boje und dann befanden sie sich laut der Seekarte genau über dem schmalen, beinahe senkrechten Schacht des Ausstieges der Delphine, der durch die Kernverschmelzung verseucht sein sollte.

„Meßgeräte klar?“ fragte der Commander.

„Einsatzbereit!“ meldete der Offizier, dem Wartung und Einsatz dieser Geräte unterstanden.

„Absenken und in der Tiefe von 210 Metern erstmals Probeaufnahme.“

Auf dem Bildschirm des Unterwasserfernsehgerätes sahen sie das einem Geigerzähler nachgebaute schwimmfähige Gerät zum Messen der Radioaktivität. Es zeigte zwar übernormal hohe Werte an; dennoch waren diese Werte bedeutend geringer, als befürchtet. Worauf dies zurückzuführen war, konnte noch nicht geklärt werden. Die weiteren Testaufnahmen sollten spezielle Aufschlüsse geben.

„Funkraum an Brücke: Anruf von einem gewissen Lightning!“ meldete der wachhabende Oberfunkmaat.

„Na also, der Fisch zappelt an der Angel!“ Commander Dr. Golff schaltete das Gerät ein, mit dessen Hilfe er die im

Funkraum eintreffenden Signale ebenfalls aufnehmen konnte.

„Hier spricht Commander Golff von der Internationalen Meeresschutzbehörde, kommen!"

„Hier Lightning! Sie sind in unser Gebiet eingedrungen, für das wir eine Prospektorlizenz haben", dröhnte die Stimme des Unterwasserbandenchefs. „Sie sollten hier so rasch wie möglich verschwinden, ehe Ihnen etwas Unangenehmes passiert."

Commander Dr. Golff drückte die Sprechtaste: „Sie befinden sich im Sperrgebiet des International Secretary of Defense! Ich fordere Sie auf, dieses Gebiet binnen 120 Minuten zu verlassen, andernfalls werden wir geeignete Maßnahmen ergreifen, Sie zum Verlassen des Sperrgebietes zu zwingen."

Lightning stieß ein so brüllendes Lachen aus, daß die Zuhörer unwillkürlich einen Schritt zurückwichen und ihre strapazierten Trommelfelle in Sicherheit brachten.

„Hören Sie mir mal genau zu, Commander Golff! Dies ist mein Revier, weil ich der Stärkere bin, ist das klar?"

„Ich warne Sie, Mister Marzetti, alias Hunter Brooke. Alle Verantwortung für unvorhergesehene Zwischenfälle trifft Sie. Und ich möchte Ihnen noch eines sagen: Sie sollten zunächst einmal diesen Ausstiegsschlot auf Radioaktivität untersuchen, ehe Sie sich zu lange in seiner Nähe aufhalten. Hier hat nämlich eine Kernfusion stattgefunden. Das Gebiet ist hoch radioaktiv."

„Keine faulen Tricks, Golff! Sie mögen vielleicht ein sehr smarter Bursche sein, aber für mich sind Sie nicht smart genug. Ich gebe Ihnen fünf Minuten, ihre Grundheulbojen aufzunehmen und zu verschwinden. Falls Sie nach Ablauf dieser Frist noch hier sein sollten, werde ich Sie von der Wasseroberfläche wegpusten."

„Und womit wollen Sie das tun?" fragte der Commander. Ein Blick auf die Uhr zeigte Dr. Golff, daß der „Deepking" in den vergangenen zehn Minuten nach der ersten Kontaktaufnahme des „Meerpfeils“ mit Lightning auf volle Fahrt gegangen war und daß er sein Versteck in diesen Sekunden erreichen mußte, um von dort aus die Delphine loszujagen.

„Schalten Sie Ihre Schallbildkamera ein, und richten Sie sie auf die Felsschlucht neben der Pipe des Ausstiegs“, rief Lightning barsch.

Die Kamera wurde geschwenkt. Ein paar Sekunden lang war nichts zu erkennen. Dann tauchte der Bug eines Unterwasserfahrzeuges aus der Schlucht empor, lief ins Blickfeld der Schallbildkamera hinein.

„Haben Sie so ein Boot schon einmal gesehen, Commander Golff?“ fragte Lightning nach etwa zehn Sekunden.

„Nein, aber das will nichts besagen. Es sieht nach einem japanischen Kleinkampfmuster aus. Ich denke, daß ein einziger Stromstoß genügen wird, seine Antriebsmodule auszuschalten.“

„Dann versuchen Sie es doch mal!“ rief Lightning zurück.

„Auf Ihre Verantwortung! – An Laserkanone, halbe Kraft, auf den Bug; ein Schuß, Feuer frei!“

Der Schuß fiel, und drüben auf dem Bug des Bootes blitzte der Treffer auf und wurde in einem Winkel von 90 Grad nach oben abgelenkt.

„Wir können die Strahlung durch „Battleaxe“ auch im Winkel von 180 Grad ablenken, Commander Golff!“ sagte Lightning.

„Vollen Antistrahlenschutz einschalten! – Sicherungen für elektronische Anlage einschalten!“ befahl der Commander vorbeugend.

„Sie bauen schon vor, Commander Golff? Aber meine Torpedos werden Sie erwischen, wenn ich sie abschieße!“

„Also gut, Hunter Brooke! Wir beugen uns der Gewalt und werden Sie zu gegebener Zeit einladen, uns nach Washington zu begleiten.“

„Sehr weise, Dr. Golff; vor allem aber sehr im Sinne Ihrer Besatzung. – So long, Commander!“

Es knackte in der Leitung. Der „Meerpfeil“ nahm Fahrt auf, denn inzwischen waren die beiden Warnbojen und das Meßgerät an Bord geholt worden. Mit kleiner Fahrt lief der „Meerpfeil“ in Richtung auf die Küste von Antarktika ab, und das kleine, irgendwie bullig wirkende U-Boot, das längst von dem Computer nach dem Aufbau der Stahlhülle, seiner Motorenkraft, der Kampfmittel und der Besatzungszahl abgetastet und in einem Dutzend Aufnahmen abgelichtet worden war, begleitete sie ein Stück in Richtung Land, wie Commander Dr. Golff erwartet und eingeplant hatte.

„Sind Buffy und Tuffy schon im Einsatz?“ fragte Juliane ihren Vater, als die Spannung des Augenblicks sich etwas gelegt hatte.

„Sie müßten bereits die Stromsperre vor der verlassenen Unterwasserstadt der Delphine erreicht haben“, antwortete der Commander.

„Hoffentlich paßt Kapitän Leukas gut auf!“ meinte Ronald.

Kapitän Leukas hatte zur verabredeten Zeit den äußeren Felsrand erreicht, hinter dessen Hauptklippe der „Deepking“ in volle Deckung gehen konnte. Er nickte Hanns Helms zu, und dieser betätigte durch Fernbedienung das Sprechgerät, das Buffy um den Hals trug. Buffy, der Delphin, der seit Jahren im Dienst der Internationalen Meeresschutzbehörde stand, vernahm die Stimme seiner Gebieterin Juliane, die ihm zurief:

„Schwimme mit Tuffy durch die Felsspalte. Wenn der Strom einsetzt, schwimmt ihr etwas zurück, und du jagst im Kreis hinter Tuffy her. Aber nicht den Bereich der Schlucht verlassen.“

Der Befehl war bedeutend kürzer als diese Erklärung, und Buffy schwamm denn auch sofort los und war wenig später den Blicken von Kapitän Leukas und Hanns Helms entschwunden. Beide blickten auf die Stoppuhr.

„Jetzt haben sie den Eingang erreicht. Ob die Sperre intakt ist?"

Sekunden darauf hörten sie einen empörten Quietschlaut von Buffy in ihrem Empfänger, der ihnen zeigte, daß er die Sperre erreicht und dort den ersten Stromstoß erhalten hatte.

„Achtung an alle: Auf Einsatzstationen!"

Der „Silver" glitt aus seiner Verankerung hinaus, um weiter nach vorn zu laufen und zu beobachten. Baker meldete sich nach zwei Minuten:

„‚Silver' an Kapitän Leukas: Delphin Buffy jagt Tuffy im Kreis herum. Vom Gegner noch nichts zu sehen."

„Leukas an ‚Silver': Dranbleiben! Sie müssen gleich kommen, denn Buffy hat den Starkstromalarm ausgelöst."

Sekunden später meldete sich der „Silver" zum zweitenmal:

„‚Silver' an Leukas: Sie kommen! Ein schnelles Unterwasserboot vom Typ ‚Deep Quest' verfolgt die Delphine."

Kapitän Leukas drückte den elektronischen Auslöser des Bandgerätes, das Buffy trug. Jetzt mußte Julianes Stimme den Delphinen den Befehl geben, sich in Richtung zum „Deepking" und damit um die vorspringende Felsnase herum zu entfernen und das Tauchboot nachzuziehen.

„‚Silver' an ‚Deepking': Die Delphine schwimmen in die angegebene Richtung. Werden von ‚Deep Quest' verfolgt."

Kapitän Leukas wandte sich den vier Kampfschwimmern zu. „Fertigmachen! Einsatz wird gleich beginnen. Halten Sie die Betäubungspistolen bereit." Der Führer des Teams hob den Daumen und zeigte klar.

In diesem Augenblick flitzte als erster der Silberdelphin um die Felsnase herum, und in zehn Metern Abstand folgte Buffy nach. Leukas drückte den Auslöser der nächsten Weisung. Sie wurde wie die vorangegangenen verstanden: die Delphine schwammen sofort bis dicht unter die Felsklippe und waren damit aus der Schußlinie heraus.

„Druckkanone und Laser feuerbereit!"

Die Geräusche des verfolgenden Bootes drangen laut durch den Unterwassersounder. Dann tauchte sein Bug auf, und in Sekundenschnelle war das gesamte, etwa 18 Meter lange Boot zu sehen.

„Feuer!" befahl Leukas.

Die Druckkanone wurde abgeschossen. Der Druck, punktuell genau auf das Antriebsaggregat des „Deep Quest" gerichtet, ließ dessen Maschinenanlage schlagartig ausfallen. Dennoch drehte das Tauchboot, das noch immer durch seine Eigenbeschleunigung Fahrt machte, auf den „Deepking" zu.

„Hier spricht Kapitän Leukas, Internationale Meeresschutzbehörde: Sie sind in unserer Gewalt! Leisten Sie keinen Widerstand. Schalten Sie Ihre Waffensysteme sofort aus. Sie haben von jetzt an drei Sekunden!"

Als die drei Sekunden vergangen waren, hatte sich der Bug des „Deep Quest" genau auf sie gerichtet, und die Schallwellenkamera tastete den Gunner hinter der feuerbereiten Laserkanone ab.

„Betäubungsschuß – Feuer!"

Der Schuß fiel unmittelbar vor jenem des Gegnerbootes. Die gegnerische Bugwaffe war ausgeschaltet.

„Leukas an ‚Silver': Schießen Sie Warnschuß vor den Bug des ‚Deep Quest'!" befahl Leukas.

Der Schuß fiel und zeigte dem Bootskommandanten, daß noch ein zweiter Gegner vorhanden war und daß es besser für ihn sein würde, klein beizugeben.

„‚Deep Quest' an ‚Deepking': Wir schalten aus!"

„Sicherheitsgruppe starten!"

Captain Scott, der Chef der Fünfmanncrew, gab seinen Boys einen Wink. Sie eilten zur Schleuse, glitten hinein und schwammen Sekunden später aus. Zunächst stießen sie auf 280 Meter Tiefe hinunter und unterschwammen den „Deep Quest", der nun beinahe still im Wasser lag.

„Kapitän Leukas an ‚Deep Quest‘: Öffnen Sie das untere Luk der Schleusenkammer. Meine Einsatzgruppe kommt an Bord. Und keine faulen Tricks. Wir haben Ihre sämtlichen Funktionen unter Kontrolle, einschließlich des Handlasers, den Sie noch feuerbereit halten.“

„Ich schalte den Handlaser aus!“ kam unmittelbar darauf die Antwort über Sprechfunk herein. „Das Luk der Schleuse ist geöffnet!“

Die Unterwasserkameras hielten sowohl die Enterung des „Deep Quest“ fest als auch die Bewegungen der beiden Delphine, die nun von Kapitän Leukas auf ihren Weg zum „Meerpfeil“ geschickt wurden. Der hatte sich inzwischen wieder in Bewegung gesetzt und mußte bereits das Felsenmassiv zur Hälfte umrundet haben; bald würde er an der diesseitigen Biegung auftauchen.

Fünf, sechs Minuten vergingen, dann meldete sich Captain Scott: „USG an Leukas: Haben das Kommando über den ‚Deep Quest‘ übernommen.“

„Leukas an Scott: Geben Sie alle Festgenommenen bis auf den Funker von Bord. Ich komme und lasse den ‚Deep Quest‘ aufsitzen!“

Kapitän Leukas steuerte den „Deepking“ nunmehr zum „Deep Quest“ hinüber und unterlief dieses Boot, bis dessen unterer Andockstutzen genau über dem Aufnahmeflansch des „Deepking“ stand.

Der „Deep Quest“ wurde aufgesetzt und rastete ein. Die drei Männer der Besatzung wurden noch vor Verlassen der Schleuse auf Radioaktivität untersucht. Aber der Geigerzähler zeigte nur Minimalwerte an.

Die drei kamen in die Arrestzelle. Noch während diese Überführungsmaßnahmen liefen, vernahm Captain Scott an Bord des „Deep Quest“ die dumpfdröhnende Stimme von Lightning:

„Lightning an ‚Deep Quest‘: Zum Teufel! Warum melden Sie sich nicht?“ grollte der Boß der Bande, die doch zahlreicher sein mußte, als es zuerst den Anschein gehabt hatte. Die vier aus der „Nereide“ geborgenen Sailors hatten gemeldet, daß sich neben dem Chef noch drei Fischmenschen in der verlassenen Delphinstadt befänden. Von dem „Deep Quest“ hatten sie nicht gesprochen.

„Antworten Sie“, befahl Captain Scott dem Mann hinter den Funkgeräten. „Und wehe Ihnen, wenn Sie einen Trick anwenden“, drohte er. „Sagen Sie Lightning, daß Sie einen Delphin haben, und zwar den normalen!“

„‚Deep Quest‘ an Chef: Wir haben einen Delphin, aber leider ist der silberne entkommen. Was sollen wir mit dem anderen machen, Chef?“

„Laßt ihn los, der ist nichts für uns. Von der Sorte gibt es Tausende. Kommt sofort zurück! Ich brauche euch für einen neuen Auftrag. Der ‚Meerpfeil‘ hat hier herumgeschnüffelt. Es besteht die Möglichkeit, daß er Überwachungsgeräte eingeschmuggelt hat. Das müßt ihr klären.“

„Wir laufen ein, Chef!“

„An Pier eins anlegen. Ich werde dort sein, Ende.“

Die Verbindung war unterbrochen. Captain Scott erhielt von Leukas die Starterlaubnis und löste sich von dem tragenden Boot. Mit kleiner Fahrt steuerte einer der Experten des Unterwasser-Sicherheitstrupps den „Deep Quest“ in die Felsenspalte hinein, während zur gleichen Zeit ein anderer der Männer die verborgen eingesetzte Schallwellenkamera in Betrieb setzte, die nun alle 30 Sekunden ein Bild machte, das zum Aufnahmegerät des „Deepking“ weitergeleitet wurde. Dadurch war es Kapitän Leukas möglich, den Weg des gekaperten Bootes bis in die Unterwasserstadt zu verfolgen. Die Männer hatten die einheitlichen Overalls der vier „Deep-Quest“-Männer übergezogen.

„Verdammt, das ist ja eine moderne Schleuse! Das kann doch nicht das Werk der Delphinmenschen sein!“ wunderte sich Hanns Helms, als sie sahen, daß das Boot vor einer Schleuse hielt, deren vorderstes Schott sich gerade öffnete und sie einließ. Als es hiner dem „Deep Quest“ geschlossen war, fiel zunächst die Übermittlung der Bilder der Schallwellenkamera aus. Dann aber setzte die Bildfolge wieder ein. Das Boot hatte die Schleuse passiert und befand sich in einem natürlichen unterirdischen Gewölbe, das zu einem Unterwasserhafen ausgebaut worden war. Sie erkannten eine große Pier. Eine Art Umgang führte um das gesamte künstlich aus dem Felsen herausgesprengte Hafenbecken herum.

Die Kamera schwenkte jetzt auf die Decke, um ihnen einen allgemeinen Eindruck dieser Unterwasserhalle zu geben. Die Männer auf dem „Deepking“ sahen, daß es sich um eine Felsenblase handelte, eine Art unterirdischer Höhle, die nur weiter ausgebrochen werden muß.

„Das ist eine künstliche Unterwasserstadt, aber keine wie die der Silberdelphine“, sagte nun Kapitän Leukas.

Die Kamera schwenkte wieder zur Pier zurück und schickte weitere Bilder zum „Deepking“. Kapitän Leukas, der diese Bilder betrachtete, stieß plötzlich einen überraschten Pfiff aus.

„Sehen Sie sich das an, Helms! Das ist tatsächlich das neueste Kampfboot unserer Marine, ‚Battleaxe‘, und offenbar ist es noch verbessert worden. Sehen Sie sich den Bug an! Dort kann eine Schmelzspitze aufgesetzt werden, die das dickste Eis binnen kürzester Zeit in Wasser verwandelt.“

„Woher hat der Kerl dieses Boot?“ wunderte sich Helms.

„Erinnern Sie sich an den Vorfall vor zwei Jahren auf dem Navy Yard in La Jolla?“

„Sie meinen, daß dies der damals entführte Prototyp ist?“

„Ich will meine Kapitänsmütze mitsamt den Tressen verspeisen, wenn es nicht das verschwundene Boot ist. Es wurde allerdings von Hunter Brooke in vieler Beziehung verbessert. Seine Werft in Hongkong ist große Klasse.“

„Wir müssen dieses Kampfboot unter allen Umständen zurückbekommen, Kapitän!“

„Wir werden es uns wieder holen, Helms!“ versprach Kapitän Leukas.

Das gekaperte Tauchboot lief langsam an die Pier heran. Aus dem Hintergrund tauchte eine große, vierschrötige Gestalt mit einem faßartigen, mächtigen Körper und einem ebenso gewaltigen runden Schädel mit völligem Kahlschlag auf.

„Hunter Brooke“, sagte Leukas genüßlich. „Dieser alte Schweinehund ist noch fetter geworden.“

Der „Deep Quest“ hatte angelegt, und als erster sprang Captain Scott im Dreß eines der gefangengesetzten Männer mit einem Satz auf die Pier und richtete seine Laserpistole auf den Boß der Unterwasserbanditen.

„Okay Lightning, greifen Sie zur Decke, und das plötzlich, ehe ich Sie durchpuste!“ befahl Captain Scott grob.

„Ich folge Ihrer freundlichen Aufgabe zwar nur ungern, aber Sie haben die stärkeren Argumente. Außerdem werden Sie mich bald wieder freilassen und mir Schadenersatz leisten müssen“, erklärte der Boß der Unterwasserbanditen.

„Einen schönen Hafen haben Sie sich hier eingerichtet. Soviel ich weiß, ist er nicht genehmigt worden, weil er im Sperrgebiet liegt.“

„Zerbrechen Sie sich nicht meinen Kopf!“ beruhigte ihn Lightning ironisch lächelnd.

„Okay, ab mit Ihnen in die Zelle!“

Der unter verschiedenen Decknamen arbeitende Ingenieur, der als Hecht im Karpfenteich der privaten Meeresnutzer galt, wurde an Bord des „Deep Quest“ geführt und mit dem Funker in eine der verschließbaren Kammern geführt. Dann meldete Captain Scott:

„Wir haben Lightning erwischt, Kapitän Leukas!“

„Wir haben es miterlebt und genossen, Captain. Stellen Sie eine Wache auf, und schärfen Sie ihr ein, daß der Kugelblitz eine ganze Kiste voller schmutziger Tricks beherrscht. Er soll unter keinen Umständen zu den Gefangenen in die

Zelle gehen. Selbst dann nicht, wenn einer im ‚Sterben' liegen sollte. Mit solchen faulen Tricks arbeitet er gern."

„Verstanden, Kapitän Leukas! Wir dringen jetzt in die Delphinstadt ein."

„Geht in Ordnung! Und schicken Sie mehr Bilder!"

Von nun an sendete die Schallbildkamera ununterbrochen neue Bilder, so daß Kapitän Leukas und Hanns Helms mitbekamen, wie die drei Kampfschwimmer die Pier untersuchten und nach versteckten elektronischen Geräten fahndeten. Sie fanden nichts.

Ein Mann der USG blieb als Wache auf dem Tauchboot zurück.

„Lassen Sie sich auf keine Diskussion mit dem Bandenchef ein, Wells", sagte der Captain.

Noch einmal meldete sich Captain Scott über die Spezialverständigung, die nicht von fremden Horchern überwacht werden konnte:

„Scott an Leukas: Lightning ist gut versorgt. Aus diesem Unterwasserhafen führt nach Aussage des Funkers ein Kanal durch eine Schleuse in eine offene Stadt, die wir schwimmend erreichen können. Darin befinden sich die beiden Delphine und die drei Sauerstoff-Blut-Atmer, die in einem dort von Lightning aufgestellten Unterwasserhaus Wache halten."

„Vorsicht beim Eindringen! Solche Unterwassermenschen sind nur schwer außer Gefecht zu setzen. Sie sind euch gewachsen."

„Wir werden schon aufpassen. Von nun an melden wir uns nicht mehr, Ende!"

Die drei übriggebliebenen Kampfschwimmer verschwanden mit Captain Scott durch eine niedrige Schleuse. Kapitän Leukas wandte sich an Hanns Helms.

„Das geht mir alles zu reibungslos. Wann kommt der große Knall?" fragte er zweifelnd. „Was ist, wenn die Schleuse nun hermetisch verschlossen ist, weil die Kampfschwimmer den Code nicht kennen? Dann sitzen sie in der Falle."

„Aber es sind auch die drei anderen Taucher dort. Die müssen doch zurückkommen können? Sie begeben sich doch nicht freiwillig in eine solche Gefahr."

„Ich habe trotzdem ein verdammt schlechtes Gefühl", sagte Leukas abschließend. „Hunter Brooke hat schon manches krumme Ding gedreht, an das keiner zu denken gewagt hat."

Gefahr für Buffy und Tuffy

Buffy und Tuffy, die beiden unzertrennlichen Delphine, schwammen bereits zehn Minuten in der angegebenen Richtung. Sie waren schon ziemlich weit gekommen, als ihre ständig ausgesandten Unterwasser-Schallsignale von Gegenständen zurückgeworfen wurden, die sich als zwei riesige Haie entpuppten.

Tuffy warnte ihren Freund Buffy durch einige Schnalzlaute. Die beiden gefährlichen Haie standen genau in der Richtung, in die sie schwimmen mußten, um zum „Meerpfeil“ zu gelangen.

Wieder wechselten einige Schnalz- und Pfeiflaute hin und her. Beide Delphine schwenkten im rechten Winkel zur Seite hin aus dem geschwommenen Kurs aus. Sekunden später empfingen sie abermals Ultraschallzeichen, die von den Körpern der Haie zurückgeworfen wurden.

Buffy rief in Richtung „Meerpfeil“, denn der konnte nicht allzuweit entfernt stehen. Würde man ihn hören können? Wenn sich Juliane mit dem Vocoder an Bord befand, war dies unmöglich. Aber Buffy wußte aus vielen Übungen, daß es möglich war, von Bord des „Meerpfeils“ durch den Ortungsschacht Ortungs- und Aufnahmegerät hinabzulassen. War dies geschehen, dann würden seine Laute aufgenommen und gehört werden.

Buffy drehte sich in die Richtung des „Meerpfeils“ und schickte erneut den schrillen Ultraschall-Hilferuf hinaus. Wieder und wieder rief er um Hilfe. Dann schwamm er den Haien direkt entgegen, um näher an den „Meerpfeil“ heranzukommen. Als er sie erkennen konnte, wuchs seine Angst: Es herrschte größte Gefahr, denn dies hier waren Drescher-Haie. Mit einem Rundblick sah Buffy sieben oder acht dieser gefährlichen Fische, die weniger mit ihren Zähnen töten als mit ihrer gewaltigen Schwanzflosse, die wie Schwerter lang und spitz zulaufen. Ein Flukenschlag dieser Räuber schnitt das Opfer in der Mitte durch.

Wieder sandte Buffy seinen Notruf aus, dann schwenkte er blitzschnell zur Seite. Einer der Haie, die durch ihre baseballgroßen Augen ein unerhörtes Sehvermögen hatten und parallel zur Wasseroberfläche schwimmend alles über sich sehen und erkennen konnten, folgte sofort. Die großen, nach oben drehbaren Augen geben den Thresher Sharks ein beinahe unbegrenztes Gesichtsfeld, und ihre Lichtempfindlichkeit ist bedeutend größer als bei jedem anderen Meereslebewesen.

Buffy schwamm zu Tuffy hinüber, die nun, als der Thresher-Hai nahe an Buffy herangekommen war, zur Seite auswich. Als der Hai ihren Freund fast erreicht hatte, schnellte sich Tuffy aus einem Winkel von 90 Grad wie ein Torpedo gegen ihn und rammte ihn unmittelbar hinter der ebenfalls sehr großen Brustflosse.

Der Thresher-Hai zuckte herum und schlug mit der riesigen Schwanzfinne zu. Doch Tuffy war schneller. Mit einem rasanten Spurt schwamm sie tiefer herunter und zog den Verfolger hinter sich her. Buffy erhielt von Tuffy einige Zurufe, die ihm veranlaßten, nach links abzuschwenken und in Richtung Land zu schwimmen.

Die ganze Meute der Thresher-Haie folgte nun ihrem Anführer, der sich auf die Fährte von Tuffy gesetzt hatte. Sie war aber bedeutend schneller als Buffy und hielt den Abstand zu ihrem Verfolger immer gleich groß.

Buffy war bald aus der Gefahrenzone heraus und schwamm nun mit einem mächtigen Spurt in Richtung „Meerpfeil", den er eine Minute später orten konnte. Er stieß an die Oberfläche empor und begann zu schnattern, sobald er Juliane erblickte, die an der Reling stand und die See in jene Richtung hin absuchte, aus welcher die beiden Delphine auf dem Weg zum „Meerpfeil“ kommen mußten.

„Da ist Buffy!“ rief Ronald, der vorn in der Ausguckplattform stand und das fest eingebaute Fernglas mit Beschlag belegt hatte, das auf einem Drehkranz um 360 Grad geschwenkt werden konnte. „Er kommt ohne Tuffy. Es scheint etwas los zu sein. Er springt aufgeregt und ruft dich!“ meldete Ronald seiner Schwester.

Juliane griff nach dem Vocoder und rannte nach vorn. Als Buffy das Schiff fast erreicht hatte, schaltete sie den Vocoder ein.

„Tuffy . . . Gefahr. Haie mit großen Augen und Flossen, greifen an!“ vernahm sie.

Sie stürzte auf die Brücke. „Daddy, du mußt sofort helfen. Tuffy ist in Gefahr. Buffy bringt eben die Nachricht, daß sie von Haien mit großen Augen und langen Flossen angegriffen würde.“

„Haie mit großen Augen? Mitch, was könnte das sein?“

„Sekunde, Commander“, meldete sich Mitchener und speiste die Angaben in den Computer ein. Zehn Sekunden darauf spuckte dieser drei Karten aus. Die erste lautete: „Common Thresher“. Dann las er die zweite vor: „Pelagic Thresher“. Und schließlich die dritte: „Bigeye Thresher, auch Alopias superciliosus. Große Augen und riesige Schwanzfinne, deren Schläge für alle Spezies der Meeressäuger tödlich verlaufen können.“

„Kampfschwimmer Stone und Medoc fertigmachen. Haibetäubungswaffen bereithalten. Ausschwimmen über Ausbringekanal der Personentransportkapsel Backbord!“

„Kampfschwimmer an Commander: Wir sind bereit. Einsatzbeginn in zwei Minuten!“

Commander Dr. Golff eilte die Stufen von der Brücke zum Oberdeck hinunter und lief auf Juliane zu.

„Alles klar, wir holen Tuffy heraus! Du mußt Buffy an Bord holen, denn er ist für diese Räuber nicht schnell genug. Vor allem gib Befehle für Tuffy auf Tonband, daß sie direkt auf Wascertown zuschwimmen soll. Wir legen uns ihr in den Weg und werden sie dirigieren."

„Wir sollten die Übertragungsleitung ausfahren, Daddy, dann kann ich direkt mit Tuffy sprechen, sobald sie in unserer Reichweite ist."

Die beiden Kampfschwimmer mit den neuen Mark-XVI-Atemgasgeräten für 300 bis zu 480 Meter Wassertiefe kamen aus ihrem Quartier an Deck und standen Sekunden später zum Einsatz bereit.

„Wir schneiden den Haien den Weg ab. Austauchen sobald ich Befehl erteile. Sie drängen die Haie ab und betäuben sie notfalls."

Nachdem Buffy an Bord genommen war, nahm der „Meerpfeil" Fahrt auf und lief mit höchster Fahrtstufe auf die Stelle zu, die zum Schauplatz einer gnadenlosen Verfolgungsjagd Tuffys durch die Thresher-Haie war. Allerdings war der Silberdelphin den Haien in bezug auf Schnelligkeit überlegen.

„Ich habe Tuffy im Gerät, Daddy! Sie kann mich hören!" rief Juliane, die in der Kammer für die Unterwasser-Schallversuche das Ausbringen des Mikros und des Senders veranlaßt hatte.

„Sage Tuffy, sie soll jetzt in Richtung offene See ausbrechen!" rief Dr. Golff zurück.

Juliane gab diese Weisung durch, und Tuffy antwortete sofort.

„Was hat sie gesagt?" fragte Ronald, der seiner Schwester gefolgt war.

„Daß sie schneller ist und sie jetzt abhängen wird."

„Gott sei Dank!" ließ sich Ronald vernehmen.

Nach zehn Minuten hatten sie die Schar der Verfolger beinahe an Steuerbord querab auf dem Bildschirm.

„Sieh dir die Schwanzfluken an!“ rief Ronald. „Meine Güte, die sind ja fast zwei Meter hoch! Wenn sie Tuffy damit erwischen . . .“ Ronald schwieg abrupt, weil Juliane verdächtig schniefte.

„Sie werden sie nicht einholen!“ sagte sie laut und betont, daß es wie eine Beschwörung wirkte.

Elegant, beinahe mühelos ließ Tuffy ihre Verfolger weiter und weiter hinter sich zurück.

Juliane dirigierte sie jetzt nach links. Auch die Haie schwenkten nach links ein und waren nun genau zu sehen. Ronald stieß einen schrillen Pfiff aus, als er nun erst recht deutlich die riesiglangen, hoch aufragenden schmalen Schwanzfinnen sah.

Sie hatten auch Tuffy genau im Blickfeld, die offenbar übermütig geworden war, denn sie schwenkte weiter nach links ein und passierte dicht vor dem ersten ihrer Verfolger, um sofort auf den „Meerpfeil“ zuzuschwimmen.

„Kampfschwimmer austauchen!“ befahl Commander Dr. Golff.

Die Personentransportkapsel wurde nicht ausgestoßen. Statt dessen tauchten die beiden Taucher aus der Ausstoßröhre aus und schwammen Tuffy entgegen, die sie bereits geortet hatte und sie direkt anschwamm. Dicht vor den beiden Schwimmern wich sie leicht aus und erreichte unangefochten den „Meerpfeil“.

Die Verfolgerhaie waren nun auf Schußweite der Betäubungspistolen heran. Beide Kampfschwimmer schossen, und die beiden vordersten Thresher-Haie verlangsamten schlagartig die Geschwindigkeit. Sie drehten getroffen schwerfällig ab, und die ihnen folgenden Haie taten es ihnen nach.

„Gerettet!“ rief Ronald und wischte sich den Schweiß von der Stirn.

Juliane ließ die Geräte wieder einfahren und eilte mit Ronald an Deck zurück. Hier wurde gerade die Badewanne ausgeschwenkt und Tuffy an Bord genommen. Schnatternd fragte sie Juliane nach Buffy. Sie berichtete ihr, daß er bereits im Bassin schwimme. Sekunden später tauchte der Silberdelphin in ihr gemeinsames Becken. Er schnellte sich übermütig aus dem Wasser empor und klatschte begeistert in seine Hände. Buffy umkreiste ihn und schien sich vor Freude förmlich zu überschlagen. Nun war auch Juliane nicht mehr zu halten und hechtete in ihrer Kleidung ins Wasser und schwamm zu ihren beiden Freunden hinüber. In einem wahren Freudentanz wurde sie von Buffy und Tuffy umtollt.

„Was sind das eigentlich für vorsintflutliche Ungetüme, Dr. de Valella?“ fragte Ronald derweilen den jungen Wissenschaftler, den es nur per Zufall nach Antarktika verschlagen hatte.

Eugenio de Valella ging nun mit Ronald zum Delphinbekken hinüber. „Weißt du, diese Bigeye Thresher sind eine besondere Laune der Natur. Eigentlich gehören sie überhaupt nicht hierher. Es sind Bewohner der wärmeren Meere. Zum erstenmal wurde diese Haiart 1839 entdeckt. Ein auf der Insel Madeira lebender Fischer fing seinerzeit ein solches Exemplar. Dann hörte man hundert Jahre nichts mehr von dieser Spezies. Es sah so aus, als sei nur ein einziges Exemplar im großen Weltmeer vorhanden.

Sehr viel später aber wurden vor der Ostküste von Florida von Sportfischern einige dieser seltsamen Unterwassergeschöpfe gefangen. Und zwar nahmen diese Haie die Köder nicht mit dem Maul an, sondern schlugen mit ihren Schwanzfinnen danach und wurden so angepickt. Sie haben übrigens viel längere Zähne als alle übrigen Haie und sind auch schon von daher ganz gefährliche Burschen. Sie ernähren sich in der Hauptsache von Tintenfischen, die sie förmlich zerfleischen.“

„Lassen Sie das nur nicht Juliane hören, dann wird sie nämlich ihre beiden Freunde nie mehr ins Wasser lassen, solange wir hier bleiben.“

„Dieser Hai“, fuhr Dr. de Valella fort, „kann seine Augen

förmlich nach oben rollen und alles über sich erkennen. Er sieht dann, wie sich die Silhouette seines Opfers gegen den Himmel abhebt. Übrigens wurde der Bigeye Thresher bereits vor vielen Jahren unter Naturschutz gestellt, weil Fischer immer wieder einzelne dieser seltenen Haie fingen und töteten, so daß der Fortbestand dieser verhältnismäßig wenigen Räuber gefährdet war, die trotz allem eine prächtige Spezies der Meeresbewohner sind. Ohne diese Thresher-Haie wäre das Meer ärmer."

„Das finde ich auch, Eugenio. Da haben Sie völlig recht."

„Durch die Aufregung über den Angriff der Haie auf Buffy und Tuffy haben wir ganz vergessen, uns darum zu kümmern, was inzwischen der „Deepking" und die USG-Crew erlebt haben. Wollen wir nicht auf die Brücke gehen, um zu hören, was sich inzwischen ereignet hat?" Ronald stimmte zu. Auch er brannte darauf, Neuigkeiten zu erfahren.

„He, Juliane, wir gehen auf die Brücke", rief Ronald seiner Schwester zu. Juliane winkte ab und beschäftigte sich mit den beiden geretteten Delphinen; im Augenblick untersuchte sie Tuffys Nase, die bei dem Zusammenstoß mit dem Hai offenbar einen Kratzer abbekommen hatte.

Unterwasser-Sicherheits-Gruppe in der Klemme

Captain Scott hatte unmittelbar nach Ende des Gespräches mit dem „Deepking“ über die Spezialverständigung, in dem er die Festnahme von Lightning gemeldet hatte, einen seiner Männer zu der Schleuse geschickt, die in die offene Unterwasserstadt der Delphine führen sollte.

„Untersuchen Sie die Schleuse, wir kommen sofort“, gab er dem Mann mit auf den Weg. Dieser schwamm zur Schleuse voraus.

Mit seinen beiden übriggebliebenen Kampfschwimmern untersuchte Captain Scott die Unterwasserhalle. Er fand das System der Atemluftversorgung, das elektronisch aus dem Steuerraum direkt neben der Halle geschaltet werden konnte. Mit einem langen Blick, der über die vielfältigen Armaturen hinglitt, versuchte Captain Scott alles zu registrieren, was hier an komplizierter Technik vorhanden war. Dies hier war unzweifelhaft das Werk eines Fachmannes mit einem guten Team an Technikern. Von den Delphinmenschen stammte es nicht.

Da alle Geräte zuverlässig arbeiteten, gab Scott die Suche auf.

„Wir müssen rasch in die offene Stadt gelangen. Wenn ich nur wüßte, wo sich dieser Ruheraum der Sauerstoff-Blut-Atmer befindet. Dann könnten wir sie mit einem Handstreich überwältigen.“

„Hier, Boß, ein Plan der offenen Stadt!“ rief einer seiner Männer und winkte Captain Scott, näherzutreten.

An einem der Eckpfeiler der Unterwasserhalle befand sich

ein Plan, der in einem matt glänzenden weißen Metall gehalten war. Er zeigte aus den Unterwasserfelsen ausgehauene große Räume mit einer Decke darüber, durch die das Wasser frei fließen konnte. Einer der Räume war geschlossen und besonders gekennzeichnet. Zu ihm führte von der großen Halle, in der sie sich befanden, eine Art Nabelschnur hinüber, die offenbar das Haus mit der für diese Tiefe angemessenen Atemluft – überwiegend Helium – versorgte.

„Kein Zweifel, das ist es!" sagte der Chef der Kampfgruppe.

„Wir sollten ihnen die Atemluft ausdrehen, dann würden sie ihre Eigenatmungsgeräte einschalten und herauskommen, um nachzusehen, was passiert ist."

„Das ist eine gute Idee! Also los!"

Die drei Kampfschwimmer schwammen zu ihrem Kameraden hinüber, der die Schleuse untersucht hatte.

„Ganz einfaches System, Chef", meldete der Mann. „Die Schleuse faßt vier Personen und ist mit den allgemeinen Schleusen unserer Marine-Unterwasserstationen identisch."

„Dann hat Lightning sie ebenfalls bei dem großen Überfall auf den Navy Yard erbeutet", bemerkte der andere Schwimmer.

„Ich schwimme voraus! Ihr folgt, sobald ich das Zeichen gebe. Laserwaffen auf Betäubung stellen und feuerbereit halten."

Captain Scott betätigte den Schaltknopf der Schleuse. Surrend trieb ein kleiner Motor die Verriegelung zurück. Eine Dreivierteldrehung am Handrad, und die Schleusentür schwang zurück. Captain Scott schwamm hinein. Ein Rundblick überzeugte ihn, daß alles klar war. Er forderte die anderen Schwimmer über sein Sprechgerät auf, nachzukommen. Das vordere Schleusentor wurde von innen geschlossen und die jenseitige Schleusentür geöffnet, nachdem der Druckausgleich hergestellt war.

„Achtung, dicht aufgeschlossen bleiben, nicht abhängen

lassen!" schärfte der Chef den dreien ein, als sie nun in einer großen Halle schwammen, die von vielen kleinen Grotten umgeben war.

Zielsicher schwammen die vier dem Ruheraum entgegen, den sie am jenseitigen Ende, im äußersten Winkel der Halle, sahen. Es hätte hier stockfinster sein müssen. Doch es herrschte eine sanfte Helligkeit, die wie Mondlicht wirkte. Die bizarren Bögen, die in mächtige, aus dem Fels gehauene Pfeiler ausliefen, schimmerten silbern.

Captain Scott versuchte, von hier aus mit dem „Deepking" in Kontakt zu treten, doch seine Rufe wurden nicht beantwortet. Er war also mit seinen Leuten auf sich allein gestellt und mußte sehen, wie er hier in der verlassenen Stadt der Delphine zurechtkam.

Die vier erreichten den Ruheraum, der aus einem riesigen Felsen herausgehauen sein mußte, umschwammen ihn und fanden den Einstieg.

„Hughes und Pinter halten den Ruheraum unter Kontrolle. Wenn die Wasseratmer herauskommen, nehmt ihr sie gefangen. Im Notfall von den Betäubungspistolen Gebrauch machen. Wir untersuchen diesen Gang."

Die beiden Schwimmer drehten ab und postierten sich so, daß sie den Ausstieg aus dem Ruheraum unter Kontrolle hatten.

Von hier aus führte eine Art Gasse zwischen zwei senkrecht aufragenden Felswänden hindurch in eine weitere Grotte. Als sie deren Eingang erreichten, bemerkte Captain Scott, daß sie elektrisch gesichert war, denn der Zeiger seines Spürgerätes schlug weit nach rechts aus. Ob hier die Delphine gefangengehalten wurden?

„Nicht weiter!" befahl er seinem Begleiter.

Der Captain schwamm noch näher heran, bis er die Stromstöße, die die Sperre bildeten, selbst spürte.

Captain Scott tastete nach dem Bandgerät, auf dem sich die von Juliane und Dr. Mona Dasjarks aufgesprochenen

Befehle für die Silberdelphine befanden. Wenn sie in dieser Grotte festgehalten wurden, dann würden sie sich melden, dessen war Scott völlig sicher.

Er holte das Gerät hervor, schaltete es ein und ließ die Sprache der Delphine nach dem Point-Mugu-Alphabet ablaufen. Danach folgte der Befehl von Mona; aber in jener Sprache, die sie und ihr Mann, Professor Dasjarks, aus der Sprache der Delphinmenschen und der Delphine entwickelt hatten.

„Kommt heraus, wir wollen euch zurückholen in die Stadt eurer Eltern!" spielte das Band ab.

Aus dem Raum, der sich unmittelbar hinter der Biegung befinden mußte, hörte nun Captain Scott, der den Vocoder auf Empfang geschaltet hatte, das Schnattern zweier Delphine.

„Das sind sie!" rief er seinen Männern zu. „Wir müssen die Stromsperre außer Betrieb setzen, dann kommen wir an sie heran."

„Wartet, wir lösen die Sperre!" folgte der nächste Satz, den Mona eingegeben hatte, weil sie wußte, daß sich die Delphine in einem durch elektrische Energie abgeschirmten Raum befinden mußten.

Die zur Überwachung des Ruheraumes zurückbleibenden Schwimmer Hughes und Pinter starrten auf den Ausgang des Ruhehauses, denn von drinnen erklangen plötzlich Geräusche. Sie hielten sich bereit. Das Schott schwang zurück, und da das Haus unter dem gleichen Druck stand wie das Außenbecken, glitt einer der Wasseratmer ohne Gefahr für das Haus ins Freie.

„Der Mann scheint krank zu sein!" verständigte sich Hughes mit seinem Kameraden.

Dieser bestätigte mit einem „Ja". Beide starrten sie gespannt auf den Schwimmer, der zum Grund der Halle hinuntersackte und dort in Zuckungen liegenblieb.

„Schwimm du hinunter, ich behalte den Ausgang im Auge!" wies Hughes den Kameraden an. Pinter nickte und schwamm die wenigen Meter zum Boden dieser riesigen Felsenhalle. In dem Augenblick taumelte ein zweiter Schwimmer hinaus und sackte ebenfalls in die Tiefe hinunter.

Hughes schwamm zu ihm hinüber, und als er ihn erreicht hatte, spürte er plötzlich etwas hinter sich. Er versuchte, sofort zur Seite zu schnellen, doch es war bereits zu spät. Wie ein Pfeil war der dritte Kampfschwimmer auf ihn heruntergestoßen und betäubte ihn mit einem Elektroschock.

Der erste, scheinbar schwerkranke Taucher gewann plötzlich wieder Leben. Er umschlang Pinter und versuchte, dessen Schaltung zur Atem-Sauerstoffzufuhr auszuschalten, was unweigerlich das Ende bedeutet hätte. Pinter wehrte sich mit letzter Kraft. Es schien so, als sollte es ihm gelingen, freizukommen, doch schon war der zweite vermeintlich betäubte Kampfschwimmer bei ihm, und mit vereinten Kräften gelang es den beiden Männern, Pinter in das Ruhehaus zu schaffen, in dem es einen Naß- und einen Trockenraum gab.

Beide Schwimmer der USG wurden in den Trockenraum geschafft. Dort nahm man ihnen die Atemgeräte ab, denn hier herrschte eine der Tiefe angemessene Atemluft.

Inzwischen hatten Captain Scott und sein Begleiter die beiden Verbindungspole der Elektrosperre am Ende des Ganges lokalisiert. Mit zwei Schüssen seiner Laserpistole setzte der Captain sie außer Kraft.

Sie schwammen in die große Halle hinein und sahen sich Sekunden später von den beiden Silberdelphinen aus der Stadt der Delphinmenschen umschwommen, die laut schnatternd und schnalzend zu ihnen „sprachen", ohne daß die beiden Schwimmer auch nur ein Wort verstanden.

Captain Scott spielte jenen Bandteil ab, auf dem die Weisung nach der Befreiung der Silberdelphine gespeichert war. Sie lautete:

„Versucht durch den schmalen Ausstiegsschlot auszuschwimmen. Dort werdet ihr weitere Nachricht erhalten."

Die beiden Delphine schwammen einmal um die beiden menschlichen Wesen herum, ehe sie an ihnen vorbeiflitzten, die unterirdische Halle durchquerten, an deren jenseitigem Ende emporschwammen und durch eine kreisrunde Öffnung verschwanden.

„Chef an Hughes und Pinter, melden Sie sich!" rief der Captain seine beiden Wächter am Ruhehaus. Es dauerte sehr lange, ehe sich Hughes meldete. Was er sagte, alarmierte den Captain schon nach den ersten Worten, denn anstelle der üblichen Meldung: „Hughes an Chef", meldete sich dieser:

„Chef von Hughes. Hier alles okay. Wir haben das Haus genommen, als einer der drei Wasseratmer ausschwamm. Haben alles unter Kontrolle. Hegalp wohlauf."

Die Alarmglocke im Hinterkopf des Captains schrillte einen Dauerton. Nicht nur die Meldung war anders als gewöhnlich, Hughes hatte auch als Namen für seinen Kameraden ein Wort benutzt, das in der unter ihnen vereinbarten Sprache „help" hieß.

„Dann kommt heraus, wir haben die Delphine befreit und schwimmen jetzt zum Ausgang."

„Was tun wir mit den drei Gefangenen?" fragte Hughes nach.

„Die laßt ihr dort. Sie können sich nachher selbst befreien und werden anschließend vom ‚Deepking' aufgenommen."

„Wir müssen sie mitnehmen. Sie befinden sich in einer schwierigen Situation, Captain", meldete Hughes.

„Sind sie schwimmfähig?"

„Sie sind schwimmfähig, haben aber jedes Orientierungsgefühl verloren. Sie müssen einzeln geführt werden."

„Gut, dann kommen wir, Ende!"

Captain Scott schaltete die Sprechverbindung aus und wandte sich an seinen Kameraden. Er deutete in Richtung

Ruhehaus und machte ein Zeichen der Gefangenschaft, indem er die beiden Handgelenke übereinander kreuzte. Sein Schwimmer nickte, zum Zeichen, daß er verstanden hatte. Er wußte sofort, daß der Captain nichts darüber sagen konnte, weil sicherlich einer von Lightnings Schwimmern dem zweiten Kameraden die Kopfhaube abgenommen hatte und mithörte. Jetzt schaltete Captain Scott das Gerät wieder ein.

„Sanders, folgen Sie. Sie bleiben vor dem Ruheraum und nehmen den ersten der Kranken in Empfang, ist das klar?"

„Klar, Sir!" erwiderte Sanders und deutete auf die Betäubungspistole im Gürtel, und der Captain nickte bestätigend.

Sie schwammen zum Rasthaus, und Captain Scott meldete sich, als sie vor dem Einstieg, der vorn unter dem Haus angebracht war, verhielten.

„Chef an Hughes, kommen!"

„Chef von Hughes", meldete sich der Kampfschwimmer. „Wir sind soweit, kommen Sie herein, und sehen Sie sich mal dieses Haus an. Völlig neue Technik."

Jetzt kam es darauf an. Captain Scott wandte den alten, aber immer wirksamen Trick an. Er stieg nach oben, und als er soeben im Unterwassernaßraum eintauchte, zuckte er sofort wieder zurück.

Der Schuß aus der Betäubungspistole erreichte ihn nicht. Statt dessen setzte einer der drei Unterwasserbanditen mit einem Sprung hinter ihm her, und als er austauchte, erwischte ihn Sanders mit der betäubenden Dosis seiner Druckpistole.

Der Mann erschlaffte, und Sanders hielt ihn fest, während Captain Scott zum Naßtaucherraum zurückschwamm. Er tauchte ein, gelangte in den Naßraum, stieß überraschend daraus hervor und betäubte den verblüfften zweiten Mann, der seinen Kumpan erwartet hatte. In dem Moment, als er seinen Irrtum erkannte, sackte er auch schon betäubt zusammen.

Die beiden eigenen Kampfschwimmer warfen sich nun auf den letzten Mann, der sie mit seiner Pistole in Schach gehalten hatte. Es gelang Hughes, ihm den Arm hochzuschlagen und festzuhalten. Schon war Captain Scott zur Stelle, und gemeinsam überwältigten sie den dritten der Taucher.

Sie schafften die drei durch die riesige Halle zur Ausgangsschleuse. Als sie dort ankamen, mußten sie feststellen, daß sie das Schleusentor nicht von innen öffnen konnten. Sie versuchten, mit dem „Deepking" in Kontakt zu treten. Doch auch das war vergebene Liebesmüh. Dann versuchten sie es durch Klopfzeichen. Nach etwa zehn Minuten erhielten sie Antwort. Es war der als Wächter bei den Gefangenen zurückgebliebene Wells. Diesem gelang es, die Verriegelung von außen zu öffnen. Er hatte die Geräusche durch den Lautverstärker gehört und geholfen. Sie kamen durch, passierten die Schleuse und schleppten die drei betäubten Unterwasserbanditen durch die Halle zum „Deep Quest".

„Was ist mit unseren beiden Gefangenen?" fragte Captain Scott sofort.

„Sie haben auf der Schalmei der Krankenmasche gespielt", erwiderte Wells. „Aber ich war auf beiden Ohren taub."

„Da haben Sie gut daran getan", entgegnete der Chef des Teams, das seine Aufgabe mustergültig gelöst hatte; mit heiler Haut waren alle aus der drohenden Gefahr herausgekommen.

Nachdem Captain Scott sich durch einen Blick in den Überwachungsmonitor davon überzeugt hatte, daß seine beiden Gefangenen im Arrestraum saßen, schaltete er die Sprechverbindung ein:

„Chef von USG an Kapitän Leukas, kommen!"

„Kapitän Leukas an Scott: Was war bei euch los? Warum haben Sie sich nicht eher gemeldet? Wir waren drauf und dran, den ‚Silver' mit einigen Torpedos zu schicken, kommen."

„Verbindung nach Eindringen in die verlassene Unterwasserstadt unterbrochen. Wir haben die drei Unterwasserbanditen fest. Sie sind noch betäubt und müßten so schnell wie möglich an Bord des ‚Meerpfeils', um das Serum zu erhalten."

„Leukas an Chef: Okay, bringen Sie alle mit dem ‚Deep Quest' heraus. Das Kampfboot holen wir später. Zuerst wollen wir die Gefangenen von Bord geben, Ende."

Der „Deep Quest" machte eine Minute später von der Pier los. Über den Achtersteven laufend erreichte er die Drehstelle, wendete und lief durch die Schleuse denselben Weg zurück, den er vor gut zwei Stunden gekommen war.

Als er in Sichtweite des „Deepking" war, stieß Kapitän Leukas mit einem pfeifenden Atemzug die Luft aus. Er blickte seinen Freund Hanns Helms erleichtert an.

„Es scheint so, als hätte Lightning sein Pulver doch schon verschossen."

„Trotzdem sollten wir alle Banditen genau durchleuchten und durchsuchen, ehe sie zu uns an Bord kommen. Ich gehe mit dem Spezialdetektor an Bord des ‚Deep Quest', sobald er angedockt hat."

„Sicher ist sicher", stimmte Kapitän Leukas zu.

Als der „Deep Quest" festgemacht hatte, ging Hanns Helms durch die Schleuse an Bord des Tauchbootes und untersuchte die auf den „Deepking" gehenden Festgenommenen der Reihe nach. Niemand hatte etwas bei sich, das des Suchens wert gewesen wäre, und bei keinem wurde mehr radioaktive Strahlung festgestellt, als die üblichen Werte erlaubten.

Als alle in den Arrestzellen des „Deepking" untergebracht waren, kam auch Lightning, alias Hunter Brooke, der mit bürgerlichem Namen Joseph Marzetti hieß und früher Kugelblitz genannt wurde, an Bord des „Deepking". Kapitän Leukas nahm ihn persönlich in Empfang.

„Hallo, Kugelblitz! Haben Sie wieder mal Lust, mit der

Justiz in Washington in engsten Kontakt zu treten und gesiebte Luft zu atmen?" fragte der Kapitän des Tieftauchbootes.

„Ihr Bart ärgert mich, Leukas! Sie sehen darin wie ein Clown aus und nicht wie der Kapitän eines Bootes der Internationalen Meeresschutzbehörde."

„Mehr sein als scheinen, Kugelblitz. Das ist meine Devise", erwiderte Kapitän Leukas und grinste, aber eigentlich war dieses Grinsen alles andere als freundlich.

Kapitän Leukas ging in seine Kammer, wo Hanns Helms mit dem Chef der Unterwasserbanditen bereits Platz genommen hatte. Mit zwei langen Schritten erreichte Odysseus das Schapp mit den Getränken. Er holte eine Flasche Ouzo und drei Gläser heraus, die er bis zum Rand vollschenkte.

„Auf Ihr Wohl!" sagte er, und die beiden Gegner, die sich aus ihrer Jugend von der Schatzsuche im Mittelmeer her kannten und sich auch vor der Küste von Südamerika häufig begegnet waren, kippten den Schnaps in einem Zug hinter die Binden, während Hanns Helms nur daran nippte.

„Also, schieß los, Kugelblitz!" forderte Leukas sein Gegenüber auf. „Wie habt ihr damals den Kampfbootprototyp aus dem Navy Yard herausbekommen?"

„Das entzieht sich meiner Kenntnis", erwiderte der smarte Ingenieur. „Ich habe lediglich eine Menge Geld für das ausgemusterte Boot bezahlt und es nach meinen Vorstellungen umbauen lassen."

„Dies ist keine Märchenstunde, und Sie kann ich mir auch nicht gut als Märchentante vorstellen", fiel Ingenieur Helms ein.

„Glauben Sie, was Sie wollen. Ich habe reguläre Kaufpapiere für das ausgemusterte Boot."

„Daran zweifle ich nicht, Kugelblitz. Ob sich aber diese Papiere als echt herausstellen werden, wage ich zu bezweifeln."

„Nun, dann bin ich eben einer Fälschung aufgesessen und

muß das Boot wieder abgeben. In diesem Fall steht mir der ausgelobte Betrag für die Wiederbeschaffung zu, denn dann hätte ich das Boot ja wiedergefunden." Lightning grinste verschmitzt, wobei seine Augen beinahe hinter den dicken Fettpolstern verschwanden.

„Nun, lassen wir dieses Thema. Wenden wir uns dem unbefugten Aufenthalt in der verlassenen Delphinstadt zu. Die Stadt liegt im Sperrgebiet von Wascertown. Sie durften dort weder arbeiten noch Bauten errichten. Und die raffinierte neue Schleusenanlage trägt eindeutig Ihre Handschrift."

„Natürlich trägt sie meine Handschrift. Schließlich habe ich sie vor drei Jahren errichten lassen, noch ehe die Meeresschutzbehörde überhaupt etwas von der verlassenen Unterwasserstadt der Delphinmenschen wußte und alles zum Sperrgebiet erklärte. Das bedeutet, daß ich auch nicht gegen die Bestimmungen dieses Gesetzes verstoßen habe. Wenn Sie den genauen Wortlaut ansehen, finden Sie dort nichts über Bauten, die vor Erlaß dieses Ukas errichtet wurden."

Lightning sonnte sich im Gefühl seiner Überlegenheit. und Hanns Helms kam nicht umhin, diesen genialen Konstrukteur und gerissenen Geschäftsmann heimlich zu bewundern. Der hatte offenbar an alles gedacht und nichts dem Zufall überlassen.

„Das werde ich prüfen lassen. Helms, speisen Sie die Abfragedaten des Sperrklauselvertrages über Wascertown ein."

„Vergessen Sie dabei nicht, die genaue Distanz abzufragen. Das ist nämlich wichtig", fiel Lightning ein. Hanns Helms verließ die Kammer des Kommandanten, um zum Computer zu gehen, der sich im Kommandostand befand.

„Warum haben Sie ausgerechnet in dieser verlassenen Delphinstadt Ihre Fluchtburg eingerichtet?" fragte Leukas weiter und goß Lightning neu ein.

„Weil ich einen Absprunghafen für meine Unterwasserflotte benötige, die teils in Charter für die auf Antarktika Anspruch erhebenden Staaten Chile, Argentinien, Neuseeland, Australien und die USA laufen, teils auf eigene Rechnung arbeiten. Ich mußte die Möglichkeit haben, zu kurzen Reparaturen in der Nähe in Dock gehen zu können. Wenn Sie die ersten Akten der Internationalen Meeresschutzgesellschaft studieren, werden Sie meinen Bauantrag finden; vor genau fünf Jahren gestellt und genehmigt."

Helms, der gerade den Text des Sperrklauselvertrages brachte, verschwand ein zweites Mal und speiste auch diese neuen Daten ein. Er wartete ab, bis der Computer die Antwort ausspuckte. Mit den neuen Unterlagen kam er in die Kapitänskajüte zurück.

„Hier der Vertrag", sagte er und legte Kapitän Leukas den Text dieses Papiers vor. Kapitän Leukas vertiefte sich da hinein, während Lightning zur Ouzo-Flasche griff und sich ein drittes Glas Traubentrester eingoß, der mit Anis versetzt war.

„Stimmt, Kugelblitz! In dieser Hinsicht sind Sie aus dem Schneider. Von vorher errichteten Unterwasserbauten ist im Vertrag nicht die Rede."

„Hier ist auch der Bauantrag!" sagte Hanns Helms.

Dieser Antrag, tatsächlich vor fünf Jahren gestellt und in der Anfangszeit des Bestehens der Internationalen Meeresschutzbehörde auch genehmigt, schien wasserdicht zu sein. Kapitän Leukas aber war etwas daran aufgefallen. Nur wußte er noch nicht, was es war. Er griff nach dem Papier und ging zum Kartentisch. Hier ließ er das Seegebiet der unbekannten Delphinunterwasserstadt auf den Bildschirm schalten. Er blickte auf die Koordinaten, verglich sie mit dem Bauantrag. Dann kicherte er leise.

„Tut mit leid, Kugelblitz! Sie haben auf dem Antrag den Standort dieses Bauwerkes um genau vier Seemeilen zu weit nach Süden verlegt. Damit liegt er außerhalb der Sperrzone für Wascertown und die Genehmigung war in Ordnung, wenn Ihre Angaben dies auch gewesen wären. Leider waren sie das nicht."

Man merkte dem Kugelblitz an, daß er nun doch etwas außer Fassung geriet, denn er verschluckte sich am selbst eingegossenen Ouzo, hustete und spuckte in sein Taschentuch.

„Sie wollen doch nicht sagen, daß meinen Vermessungstechnikern ein so gravierender Fehler unterlaufen sein könnte? Ich entsinne mich zwar, daß sie das endgültige Baugelände ein paar hundert Meter weiter zurückverlegt hatten, weil dort eine natürliche Meeresbodenblase die Arbeit bedeutend erleichterte. Aber vier Seemeilen! Das kann nicht sein!"

„Diese blauäugige Masche nimmt Ihnen keiner ab, Kugelblitz. Immerhin sind Sie und Ihre Tauchboote dutzendmal in die Unterwasserstadt eingelaufen, ohne auch nur einmal falsch zu steuern. Sie müssen den genauen Standort gewußt haben, sonst wären Sie ganz woanders gelandet."

„Ich bin kein Nautiker, sondern Ingenieur und . . ."

„Und Kidnapper!" kam Hanns Helms auf den im Augenblick wichtigsten Punkt zu sprechen. „Sie haben die beiden Silberdelphine entführt."

„Wir haben zwei Delphine gefangen, das gebe ich zu. Und ich weiß, daß Delphine völlig geschützt sind. Aber wir wollten diese Tiere nicht töten, sondern ihre Art erhalten helfen. Das ist doch lobenswert."

„Hören Sie mit diesen Schalmeienklängen auf, Kugelblitz. Ihre von uns zu Beginn festgesetzten Männer haben etwas ganz anderes ausgesagt. Sie können diese Aussagen hören, wenn Sie wollen. Hinzu kommt noch Widerstand gegen die Meeresschutzbehörde."

„Nicht nötig", wehrte der Ingenieur ab. „Das werde ich alles in Washington klären. Wenn man dort erst weiß, in wessen Auftrag ich die beiden Silberdelphine gefunden habe – denn von Entführung kann keine Rede sein –, wird alles mit dem Mantel christlicher Nächstenliebe zugedeckt."

„Da kennen Sie aber Commander Dr. Golff schlecht. Er

hat den Auftrag übernommen, die Silberdelphine, die mit einem sogenannten Elektronetz gefangengesetzt wurden, zu befreien und die Entführer zur Rechenschaft zu ziehen."

„Ich habe bereits viel von Dr. Golff gehört, aber gegen Charles Cantarides ist auch er nur ein armes Würstchen."

„Doch nicht der Cantarides?" fragte Hanns Helms.

„Genau der! Und er wollte mit den beiden Delphinen das Rätsel der Evolution des Menschen aus diesen Meeressäugetieren erforschen. Dafür warf er immerhin 5 Millionen Dollar aus. Ein hübsches Nebengeschäft für mich, bei verhältnismäßig geringem Risiko."

Sie plauderten weiter miteinander wie Freunde und wußten doch voneinander, daß sie sich erbittert bekämpften. Jedes Detail, das Lightning freigebig zum besten gab, wurde von den beiden Männern registriert und außerdem vom Aufnahmegerät festgehalten, denn man überließ hier nichts dem Zufall.

Nach einer Stunde wußten sie alles über die angebliche Arbeit der Unterwasserflotte von Kugelblitz. Ob es die Wahrheit war, das würde sich zeigen. Aber sie hatten so eine Ahnung, als würde ihnen dieser im wahrsten Sinne des Wortes dicke Fisch doch noch durch die Maschen schlüpfen.

„Wann und wo sollen Sie die beiden Delphine übergeben?" fragte Hanns Helms, als das Gespräch zu versiegen drohte und Lightning bereits seinen sechsten Ouzo intus hatte.

„Ganz in der Nähe. Übrigens soll die Übergabe morgen vormittag stattfinden. Hier auf diesem Punkt!" sagte der Mann und deutete auf ein bestimmtes Planquadrat zwischen Kap Adare und dem südlichen Polarkreis. „Und Charles Cantarides wollte die beiden Silberdelphine selber in Empfang nehmen."

Sensation in der Unterwasserstadt der Delphine

Commander Dr. Golff verließ die Brücke und ging zum Bassin hinüber, wo Mona mit Juliane und Ronald bei den beiden Delphinen saß, die sich inzwischen beruhigt hatten. Mona war mit einem Schnellboot aus Upper-Wascertown gekommen, um zur Stelle zu sein, falls es Kommunikationsschwierigkeiten gab.

„Hast du etwas Neues, Dad?“ fragte Ronald, der den Vater zuerst gesehen hatte.

„Die beiden Silberdelphine sind wieder frei. Sie schwimmen uns entgegen. Wir versuchen sie durch das ausgefahrene Unterwassermikrophon zu rufen. Wenn Sie uns dabei helfen könnten, Mona?“

Dr. Dasjarks kam sofort herbei. Sie hatte den Transponder umgehängt und eilte mit dem Kommandanten in die Kammer, von der aus der Geräteschacht nach unten führte. Sie ließen das Mikrophon hinab, und Mona rief ihre Delphine in der Zwischensprache, die ihr Mann entwickelt hatte.

Es dauerte nicht lange, bis Antwort kam; bereits nach dem vierten oder fünften Ruf meldeten sich die beiden Silberdelphine mit ihren schnellen und quietschenden Lauten, und Mona befahl ihnen, zum „Meerpfeil“ zu kommen, den sie sicherlich schon mit ihren empfindlichen Schallmeßorganen erkannt hatten.

Mona, Ronald und Juliane liefen nun nach oben, während das Mikro, auf selbständige Wiederholung gestellt, automatisch den Lockruf aussandte.

Mittschiffs, dort wo auch der Kran für die „Badewanne“ der Delphine stand, warteten sie. Ronald, der sich mit einem Fernglas bewaffnet hatte, sah die beiden Delphine zuerst. Dann konnten auch Juliane und Mona die pfeilschnell heranflitzenden silberglänzenden Tiere erkennen. Sie erreichten das Schiff und sprangen gleichzeitig aus dem Wasser und riefen in ihrer Sprache.

Sekunden darauf wurde es auch im Bassin der Delphine an Bord des „Meerpfeils“ lebendig. Der Silberdelphin Tuffy sprang hoch empor. Er tanzte auf der Schwanzfinne über das Wasser und rief seinen Freunden ein Willkommen zu, in das Buffy mit seiner etwas anderen Sprache einfiel.

„Seht euch das an!“ rief Juliane begeistert. „Wenn das keine Wiedersehensfreude ist!“

Sie lief zum Becken, um zu hören, was Buffy immer wieder rief.

Am Beckenrand angekommen, schaltete Juliane ihren Vocoder ein. Sie ließ die aufgenommenen Laute umsetzen und verstand dann, daß beide Delphine ins Wasser wollten, um mit den zwei Silberdelphinen in die Unterwasserstadt der Delphinmenschen zu schwimmen.

„Da schwimmen wir mit“, riefen Juliane und Ronald fast gleichzeitig.

„Das geht nicht. Es ist noch zu weit. Wir müssen noch ein paar Meilen an Bord bleiben“, widersprach Mona.

„Delphine aussetzen!“ befahl der Commander.

Was sie nun sahen, als Buffy und Tuffy im Wasser schwammen und die beiden Silberdelphine sie begrüßten, das hatten sie noch niemals zuvor erlebt. Alle vier Delphine umtanzten sich. Sie schnatterten wild aufeinander ein, schnalzten und zwitscherten durcheinander, und immer wieder reichten die Silberdelphine ihren Rettern die Hände, und es war so, als umarmten sie einander.

Commander Dr. Golff hatte den Kontakt mit dem „Deepking“ nicht abreißen lassen. Sie sahen alle, daß der „Deepking“ mit großer Fahrt herankam. Die vier Delphine schwammen zur anderen Seite des Überwasserschiffes, als sich der „Deepking“ darunter schob und eingebracht wurde.

Als der „Deepking“ fest in der rechteckigen Ausnehmung des „Meerpfeils“ verankert und das richtige Trimmgewicht wiederhergestellt war, nahm der „Meerpfeil“ Fahrt auf in Richtung Unterwasserstadt der Delphinmenschen. Die vier Delphine schwammen auf der Backbordseite des Schiffes mit, das nur halbe Fahrt lief.

Ronald hatte sich zu den beiden Wachen auf den Mittelsteg gestellt und sah zu, wie zunächst die Besatzung des „Deep Quest“ an Bord genommen wurde. Dann folgten die drei Spezialschwimmer des Bandenchefs, und zum Schluß kam Lightning nach oben und wurde abgeführt. Als Ronald ein Foto von ihm machte, lächelte der Kugelblitz geschmeichelt und nickte dem Jungen wohlwollend zu.

„Wo sind denn die Männer der USG?“ fragte Ronald seinen Vater, der neben ihn getreten war.

„Die kommen mit dem erbeuteten ‚Deep Quest‘ nach und werden gleich aufgeschlossen haben“, erwiderte der Commander. Und so war es auch. Drei Minuten später kam der „Deep Quest“ in Sicht und lief in Überwasserfahrt im Kielwasser des „Meerpfeils“ hinter ihnen her.

Ronald, Juliane und Mona machten sich nun zum Abschwimmen in das Reich der Delphinmenschen fertig. Sie waren mit Aufnahmegeräten und mit einer Unterwasserkamera ausgestattet. Sie würden mit dem „Deepking“ abtauchen und in 180 Meter Wassertiefe das Boot verlassen. Zu ihrer Sicherheit sollten zwei Kampfschwimmer der Crew von Captain Scott mitschwimmen, sich bei der Überwachungsstelle melden, vor dem Eingang zur Unterwasserstadt warten und in ständigem Kontakt mit den dreien bleiben.

Als Juliane, Mona und Ronald in 180 Meter Wassertiefe austauchten, waren sie sogleich von den vier Delphinen umringt, und die beiden aus der Gefangenschaft geretteten Silberdelphine schwammen dicht an sie heran, um sie mit ihren Händen zu berühren.

Ronald machte aus kurzer Distanz einige Fotos von ihnen, als sie gerade Mona und Juliane die Hände reichten. Dann schwammen sie, von den vieren eskortiert, dem Eingang in die Unterwasserstadt entgegen. Sie sichteten die erleuchtete Öffnung. Dort stieß der wachehaltende Silberdelphin ins Freie. Wie ein Torpedo kam er herangeschossen und blieb dicht vor seinen drei Geschwistern stehen, um sie zu begrüßen. Mona und Juliane hatten ihre Geräte mit den größten Speichern eingestellt, um alles mitzubekommen.

Dies alles würden sie nach der Rückkehr zur Unterwasserstadt Wascertown analysieren. Mona hielt auf dem zweiten Gerät ihre Wahrnehmungen fest. Untereinander machten sie sich über ihre Sprechverbindungen auf die Besonderheiten der Begrüßungen aufmerksam; im Licht der starken Rundumstrahler ihrer Helme sahen sie alles ganz deutlich.

Das blitzende Leuchten, das – wie sie nun wußten – von aktiviertem Radium kam, das nach außen abgeschirmt war, erhellte den Tunnel. Als sie ihn passiert hatten und in die große Halle hineinschwammen, um die sich die Grotten und Pergolen aus Felsbändern befanden, sahen sie sich einem unbeschreiblichen Aufmarsch an Silberdelphinen gegenüber.

„Das ist ja alles, was hier unten lebt", rief Ronald verblüfft und deutete auf das Gewimmel der Delphine, die in einer Art lebender Spirale um die riesige Steinplatte herum Aufstellung genommen hatten. Eine schmale Gasse, der Ausgang der Spirale, ermöglichte es ihnen, mit den Delphinen zu dem Steintisch zu schwimmen.

Dort angekommen, schwammen die beiden befreiten Delphine vor und berührten die Hände ihres Herrscherpaares. Danach zogen sie sich etwas zurück und begannen ihren Bericht, den Mona aufnahm, während Ronald die Unterwasserkamera auf dieses phantastische Bild der silberglänzenden geschmeidigen Körper richtete und dann auch die übrige

Gruppe fotografierte, die plötzlich wild durcheinanderschnatterte, was offenbar eine Willkommensovation war.

Mona bemerkte, daß sich die beiden großen Delphine an sie wandten. Sie stellte ihren Transponder auf Direktempfang und hörte ab, was die beiden Delphine sagten. Dann schaltete sie auf Wiedergabe und hörte zu. Inzwischen soweit geschult, daß sie einen Teil dessen, was die großen Delphine gesagt hatten, verstehen konnte, lauschte sie mit steigender Aufmerksamkeit. Als der große Delphin fertig war, versuchte sie mit den bekannten Sprachbrocken eine Antwort, die offenbar verstanden wurde. Dann wandte sie sich ihren beiden jungen Freunden zu.

„Wir werden jetzt in die Schatzkammer geführt. Es darf dort nicht fotografiert werden. Aber wir erhalten jeder ein Geschenk und eine Rolle mit wichtigen Unterlagen über die zweite Goldmine oder Uranmine der Unterwasserwelt."

Die beiden großen Delphine verließen ihre Lagerstätte. Unter dem großen Felsbogen herschwimmend, verschwanden sie in einer Seitengrotte. Mona schwamm hinterher. Juliane folgte Mona dichtauf, gefolgt von Buffy und Tuffy und den beiden geretteten Silberdelphinen. Dann kam Ronald, der zu seiner Verblüffung feststellte, daß die ihm bis zum Felsbogen folgenden übrigen Delphine hier zurückblieben.

Sie erreichten die lichte, nach oben offene Halle, in der sie vor Jahresfrist die graue Barrenpyramide in der Mitte zuerst gesehen hatten. Sie passierten diese Uranblöcke, kamen an zwei plötzlich aus ihren kreisrunden Höhlen auftauchenden riesigen Schwertwalen vorbei, welche die Wächter der Schatzkammer zu sein schienen, und erreichten eine glatte Felswand. Ronald erinnerte sich daran, daß sie vor einem Jahr an der gleichen Stelle gewesen waren. Damals hatten sie aus einer Öffnung im Felsen eine seltsame längliche Muschelschale erhalten, in der sich wichtige Erkenntnisse über den Wissensstand der Delphine und der Standort der ersten Goldmine befunden hatten.

Diesmal schwammen die beiden großen Herrscherdelphine an der Felswand entlang, und die beiden geretteten Silberdelphine hielten die drei Menschen mit abwehrenden Bewegungen ihrer Hände davon ab, zu nahe heranzukommen.

Wie es geschah, wußten sie nicht, aber plötzlich bewegte sich eine Felsplatte zur Seite und verschwand in der Seitenwand. Eine rechteckige Öffnung war freigelegt, und während die beiden Silberdelphine und Buffy und Tuffy hier zurückblieben, folgten die drei Menschen den beiden großen Delphinen in eine Kammer, die bis auf den Eingang nach allen Seiten geschlossen war. Die jenseitige Wand war allerdings kein Felsgestein, sondern schien aus einer glasartigen, kristallklaren und durchsichtigen Masse zu bestehen.

Dahinter sahen sie drei große, auf grausilbernen Sockeln stehende Schalen. Die erste von ihnen enthielt leuchtende Perlen in allen Farben und Größen. Daneben in der zweiten Schale goldene Schmuckstücke, die Tiere des Meeres zeigten, verblüffende Fischformen mit Stacheln und Flügeln und Schildkröten, unbekannte Fische vielerlei Arten und Schlangen und bizarre Oktopodia.

Ronald wollte entgegen der Weisung fotografieren, aber der große Delphin drehte sich rasch um. Er winkte abwehrend und sagte etwas.

„Wenn du hier Fotos machst, wird die ganze Kamera vernichtet“, warnte Mona.

Dann erreichten sie die dritte, größere Schale. Darin konnten sie Delphine sehen, die aus Platin mit Gold gefertigt waren. Sie sahen solche ohne Hände mit Flossen, andere Exemplare mit den ersten Händen, bestehend aus Daumen und einem Greiffinger, und dann auch solche, wie sie sie aus der Unterwasserstadt kannten.

In der Mitte lagen auch zwei oder drei Figuren, die den delphinähnlichen Körper, aber eine Art von Füßen aufwiesen.

Mona nahm alles auf, was die beiden Delphine ihr abwechselnd erklärten. Es war kein Zweifel möglich: mit diesen Bildnissen hatten sie eine Darstellung der Wandlung der Delphine vor sich: vom typischen Meereswesen zum ersten Landwesen, das auf Füßen lief, und seine Wandlung zurück in die jetzigen Silberdelphine.

Ronald und Juliane spürten so etwas wie ein Erschauern. Hier waren sie einem großen Geheimnis der Erde auf der Spur. Sie erkannten beim näheren Hinsehen eine Delphinmutter, die ihr Baby säugte. Dieses Bild machte möglicherweise einen Teil der Menschwerdung erklärbar. Aber was mochte die Delphine bewogen haben, wieder ins Meer zurückzugehen, nachdem sie es schon verlassen hatten, um einen sicherlich Hunderttausende von Jahren dauernden Umwandlungsprozeß zu unterbrechen und wieder die zu werden, die sie einst waren?

Der zweite der großen Delphine verschwand in einer Art Höhle, und als er daraus hervorkam, hielt er drei dieser goldenen Figuren in der Hand, jede etwa handspannenlang. Er übergab sie an Mona, Ronald und Juliane. Auch die begleitenden Worte dazu nahm Mona auf. Dann schwammen sie nach einem letzten Rundblick zurück und erkannten, daß die strahlende Helle, die sie hier umfangen hatte, sich wie mit einem Dimmer langsam zurückschaltete.

Wieder in der großen Halle angelangt, erhielten sie noch eine längliche Muschelschale, die gänzlich geschlossen war. Mona übernahm sie; dies mußte wieder eine Nachricht der Delphinmenschen für sie sein.

Mit einem vielstimmigen Geschnalze und Gezirpe wurden Mona, Ronald und Juliane verabschiedet und schwammen durch den Tunnel zurück ins Freie. Einige Silberdelphine, drei der Wächter und die beiden befreiten Delphine folgten ihnen und verabschiedeten sie mit einem letzten Wortschwall, der besonders von Tuffy sehr herzlich erwidert wurde.

Während sie zum „Deepking“ zurückschwammen, schärfte Mona ihren beiden Freunden ein, zunächst die Figuren zu verbergen.

„Wir müssen alles erst mal für uns behalten“, sagte sie, „ehe wir etwas falsch machen. Wenn wir alles, was wir wissen, an die Öffentlichkeit brächten, könnte es den Untergang der Unterwasserstadt der Delphinmenschen bedeuten. Dann wäre keine Macht der Erde mehr in der Lage, den Run auf diese untermeerischen Schätze zu stoppen.“

„Wir werden schweigen, das versprechen wir“, erwiderte Ronald ernst.

Sie verbargen die Figuren in den Messertaschen an den Schienbeinen der Unterwasserausrüstung. Wenig später wurden sie vom „Deepking“ angerufen:

„Hier ‚Deepking‘. Wir haben euch im Ausblick und werden gleich bei euch sein!“

„Danke, Kapitän Leukas“, rief Mona zurück.

An Bord des „Deepking“ zurückgekehrt, entledigten sie sich zunächst der Kopfhelme, und Juliane sprudelte den herrlichen Empfang durch die Delphine in der Unterwasserstadt hervor. Als sie bereits im Überschwang der Begeisterung auch ihre Exkursion mit den beiden Herrscherdelphinen verraten wollte, wurde sie durch einen Stoß in die Rippen gebremst.

„Laß mich doch auch mal zu Wort kommen“, rief Ronald. „Immerhin habe ich die Aufnahmen gemacht, die wir heute abend sehen können. Und Mona hat wieder eine Nachricht in der Muschelschale erhalten. Ich glaube, es handelt sich um ein zweites Edelmetall-Lager unter Wasser.“

Während die Delphine Buffy und Tuffy vorausschwammen, folgte der „Deepking“ ihnen mit kleiner Fahrt zum „Meerpfeil“. Dort angekommen, wurde er mit einem Manöver, das für Kapitän Leukas nur noch Routine war, an Bord genommen; fünf Minuten später hatten sich die drei Schwimmer geduscht und umgezogen und waren froh, in der heimeligen Atmosphäre dieses Schiffes geborgen zu sein und sich verwöhnen zu lassen. Buffy und Tuffy wurden nun ebenfalls in ihr Bassin zurückgeschafft und von Juliane betreut. Erst als das Mädchen wußte, daß die Delphine wohlauf waren, folgte es ihrem Bruder und Mona nach unten.

In der Kammer des Kommandanten erstatteten sie ihren ersten Bericht. Zugegen waren nur noch Kapitän Leukas, der Bordarzt Dr. Wallace und der Nachrichtenoffizier Dr. James Mitchener. Hier legten die drei beinahe gleichzeitig ihre verschiedenen Delphinfiguren auf den Tisch, die drei verschiedene Entwicklungsphasen der Delphinmenschen zeigten.

Dr. Wallace stieß pfeifend die Luft aus, als er diese drei Figuren beäugte. „Mich laust der Affe!" sagte er perplex. „Diese Arbeiten zeigen ja verschiedene Stadien der Entwicklung unserer Silberdelphine. Wer hat das gemacht?"

„Darauf werden die Delphine selber Antwort geben", erklärte Juliane und deutete auf den Transponder von Mona, die alles auf Band genommen hatte.

Dann mußten sie berichten, von wem und wo sie diese drei goldenen Figuren erhalten hatten, die zwar ziemlich grob, aber mit genauen Proportionen zeigten, wie die Delphine sich entwickelt hatten.

Sie erzählten von dem geschlossenen Raum mit der durchsichtigen Glaswand und den drei großen Schalen.

Als sie ihren Bericht beendet hatten, war es einige Zeit still in der Kommandantenkammer. Dann ergriff Dr. Golff das Wort:

„Ich möchte alle vorab um eines bitten: kein Wort von dem, was hier gesagt wurde, darf außerhalb dieses Raums bekannt werden. Es ist für uns unabdingbar, daß wir diese Fakten für uns behalten und damit verhindern, daß ein weiterer Sturm auf die Unterwasserwelt der Delphine einsetzt und ihrem Leben möglicherweise ein Ende bereitet."

Ronald und Juliane versprachen dies feierlich, und Ronald

war bereit, auf die Ausbeute seiner Unterwasseraufnahmen zu verzichten. Sein Vater bestätigte ihm, daß er alle Fotos, auch jene von dem ersten Besuch in der Unterwasserstadt der Silberdelphine, zurückbekommen werde, sobald sie freigegeben wurden.

Sie sprachen noch lange miteinander, und Ronald versuchte in glühenden Farben ihr traumhaftes Erlebnis zu schildern, wobei er von Mona und Juliane nach Kräften unterstützt wurde. Immer wieder fielen ihnen Einzelheiten ein, die sie ergänzen mußten. Und als das Labor die Fotos fertig hatte, konnte Ronald seinen Bericht durch diese phantastischen Bilder ergänzen. Diese Aufgabe übernahm er mit großem Elan, und selbst Juliane mußte – wenn auch etwas widerwillig – zugeben, daß ihr Bruder ein hervorragendes Gedächtnis hatte und sehr gute Beschreibungen lieferte.

Seewespen-Einsatz für den „Meerpfeil“

Sie hatten den Überwasserhafen von Wascertown fast erreicht, als Commander Dr. Golff auf die Brücke gerufen wurde. Er versprach, so rasch wie möglich zurückzukommen, und eilte mit langen Schritten in den Kommandostand. Hier wartete bereits sein Navigations- und Nachrichtenoffizier auf ihn.

„Was gibt es, Mitchener?“ fragte der Commander.

„Meldung über ‚Hval I‘. Der ‚Meerpfeil‘ soll sich sofort auf der Notwelle melden, Commander.“

„Schalten Sie die Notwelle, Mitchener!“

Dr. James Mitchener, seit vielen Jahren mit Commander Dr. Golff durch den gleichen Dienst vertraut, ja befreundet, nickte. Er schaltete das schmale Gerät ein, das neben den herkömmlichen Funkgeräten vor ihm an der schräg aufgebauten Schaltwand stand. Der Bildschirm leuchtete auf, und als Mitchener die Meldung abrief, wurde sie mit unheimlicher Schnelligkeit von „Hval I“ abgestrahlt und vom Empfänger des Notrufgerätes aufgefangen und gespeichert. Als die Sendung durch war, gab Mitchener das Zeichen, daß sie alles aufgenommen hatten, und schaltete das Empfangsgerät aus.

Danach spielte er den Film ab. Und erst jetzt konnten sie die Abfolge der Nachricht auf dem Fernsehschirm erkennen. Dort stand zu lesen:

„Beobachtungsstation Invercargill an ‚Meerpfeil‘: Zwischen Stewart Island und Balclutha an der Südostküste der Südinsel Neuseelands Seewespenaufkommen größten Ausmaßes. Fangschiff ‚Bactar‘ steht zu weit ab. Erste Todesopfer zu beklagen. Hilfeleistung so rasch wie möglich einleiten. Laut Mitteilung Washingtons haben Sie Fangvorrichtungen für Seewespen an Bord und Aquarium für Fänge, die nach Russell zu schaffen sind. Erbitten sofortige Hilfe. Bestätigen des Spruches und Durchgabe der vorläufigen Ankunftszeit. Küstenwachschiffe haben das Küsten- und Seengebiet gesperrt.“

„Wieder so eine Schweinerei wie vor sechs Jahren, Mitchener. Damals sind elf Personen durch das verflixte Gift der Seewespen ums Leben gekommen. Wir müssen sofort abdrehen und dorthin laufen.“ Commander Dr. Golff wandte sich der Sprechverbindung zur Brücke zu: „Kommandant an Lieutenant Commander Shellburn: Gehen Sie auf kleine Fahrt herum und drehen Sie sofort auf 330 Grad. Kleine Fahrt beibehalten und nach Weisung stoppen zur Vonbordgabe des ‚Deepking‘, Ende.“

„Aye, aye, Sir! Neuer Kurs 330 Grad, kleine Fahrt.“

„Commander an Kapitän Leukas, kommen!“

„Hier Leukas, was gibt es, Alec?“ ertönte sofort die sonore Stimme des Tieftauchboot-Kapitäns.

„Ich muß dich von Bord geben. Du wirst allein den Käufer der Silberdelphine stellen, der morgen auf dem Standort eintreffen wird, den Lightning bei seiner ersten Vernehmung durch dich angegeben hat. Wir haben einen Sonderauftrag, Seewespenvorkommen vor der Südostküste der Südinsel Neuseelands.“

Der „Meerpfeil“ schwenkte bereits mit 20 Grad Steuerbordruder in kleiner Fahrt herum, und als er auf dem neuen Kurs lag, eilte Commander Dr. Golff in den Besprechungsraum zurück.

„Was ist los, Daddy?“ fragten Ronald und Juliane fast gleichzeitig, und auch Dr. Mona Dasjarks blickte den Commander fragend an.

„Wir haben einen neuen Einsatzbefehl erhalten und müssen sofort nach Süd-Neuseeland. Dort gibt es ein starkes Seewespenvorkommen. Es hat die ersten Todesopfer gegeben."

„Und wie komme ich von Bord?" fragte Mona den Commander.

„Der ‚Deepking' wird Sie mitnehmen. Er hat ja noch ein Rendezvous mit dem Käufer der beiden Silberdelphine."

„Wir möchten auch in die Unterwasserstadt zurück. Wir haben doch noch nichts davon gesehen, Daddy!" bat Juliane.

„Ihr könnt ebenfalls mit dem ‚Deepking' zurück. Nach Erfüllung unseres Auftrages und Ablieferung unserer Gefangenen werden wir möglicherweise nach Upper-Wascertown zurückkehren und euch wieder an Bord nehmen. Wenn ihr also mit dem ‚Deepking' fahren wollt, dann wird es Zeit, daß ihr euch fertigmacht. Eure Sachen liegen ohnehin noch in Wascertown."

„Und Buffy und Tuffy?" fragte Juliane bänglich.

„Sie sind im Umkreis der Unterwasserstadt sicher, und möglicherweise wird Mona noch mit ihnen trainieren. Dabei könntest du dich auch noch mehr mit der Sprache der Silberdelphine beschäftigen. Wir setzen Buffy und Tuffy also gleichzeitig mit dem ‚Deepking' aus."

„Dann werde ich sie schnell informieren." Wie ein Blitz sauste Juliane ins Freie und rannte über den Steg, der das Bassin des „Deepking" überspannte, nach achtern. Sie sprang die Stufen zum Delphinbassin hinauf und holte aus der Kabine ihren Vocoder. Damit kniete sie am Rande des Bassins und rief ihre Freunde, die so taten, als hätten sie sie nicht gesehen.

Dies war ein altes Spiel: Juliane wäre im Normalfall jetzt ins Wasser gesprungen und hätte die beiden Delphine an den Händen genommen und nach oben geführt. Doch diesmal rief sie die zwei, und gehorsam und neugierig zugleich schwammen Buffy und Tuffy zu ihr herüber.

„Wir gehen in die Unterwasserstadt. Von dort zu unseren

Silberdelphinfreunden. Folgt dem ‚Deepking'!" sagte sie, und als die Delphine verstanden hatten, verlor der „Meerpfeil" bereits noch mehr an Fahrt. Gleichzeitig damit schwenkte der Kran mit der Badewanne ein, Buffy glitt als erster hinein und ließ sich ausschwenken und zu Wasser bringen. Tuffy folgte unmittelbar hinterher.

Die Glasabdeckung war von dem Mittelsteg aus zur Seite geglitten. Juliane, Mona und Ronald stiegen ein und wurden von Kapitän Leukas mit einem Schmunzeln begrüßt; sie bekamen vorn die besten Ausspähplätze.

Emporblickend sah Ronald, daß sich über ihnen die gläserne Hälfte der Abdeckung bereits wieder zurückbewegte und in den Steg einrastete. Das Gesicht seines Vaters wurde von der Spiegelung verzerrt.

„‚Deepking' startbereit!" meldete Kapitän Leukas.

„Start freigegeben. Viel Glück, Spiridon!"

„Danke und guten Seewespenfang!" erwiderte der breitgebaute alte Seebär mit dem Krausbart und dem lockigen Haupthaar, das ihm den Spitznamen Odysseus eingetragen hatte.

Der „Deepking" kam rasch frei, wurde auf zwölf Meter Tiefe eingesteuert und lief dann mit mittlerer Fahrstufe in Richtung Unterwasserstadt, dabei stetig tiefer hinuntergehend. Auf 50 Meter Tiefe eingependelt lief das Tauchboot schließlich, von den beiden Delphinen begleitet, in Richtung Wascertown. Immer wieder tauchten Buffy und Tuffy vor den Ausblicken der beiden Golff-Kinder auf, die nun Mona bestürmten, ihnen mehr über die Seewespen zu erzählen.

„Sind sie größer als normale Wespen?" fragte Juliane, worauf Ronald ein heiteres und bissiges Kichern ertönen ließ.

„Hört, hört!" sagte er und grinste dermaßen breit, daß seine beiden Ohren von den Mundwinkeln Besuch bekamen.

„Was ist daran so komisch?" fragte Juliane spitz.

„Nur, daß die Seewespen, die du meinst und die, die Dad

fangen soll, nur den Namen gemeinsam haben. Die Seewespen nämlich, die Vaters Sondercrew, mit Dr. Wallace an der Spitze, jetzt fangen wird, sind keine Wespen, sondern – Quallen."

Mißtrauisch blickte Juliane von Ronald zu Mona, und erst als diese nickte, wußte sie, daß ihr Bruder sie nicht auf den Arm nehmen wollte.

„Was ist mit diesen Quallen, die Wespen heißen?" fragte Juliane die junge Frau. „Kannst du mir nicht mehr darüber erzählen? Ronald weiß ja schon alles."

„Natürlich, Juliane! Ich habe vor Jahren darüber berichtet, als ich gerade mitten im Studium war. Damals wurde eine meiner Kommilitoninnen von einer Seewespe getötet, und ich habe versucht, die Menschen zu warnen, die immer wieder mit diesen todbringenden Tieren in Berührung kommen, obgleich sie wissen, daß beim ersten Auftauchen dieser Seewespen der Strand sofort zu verlassen ist."

„Also schieß los, Mona! Ich bin jedenfalls ganz Ohr", forderte Ronald sie auf. „Mehr als das, was ich gerade von mir gegeben habe, weiß ich auch nicht über diese gefährlichen Quallen."

„In den sechziger und siebziger Jahren", begann Mona ihren Bericht, „starben an der pazifischen Badeküste von Australien, im nördlichen Queensland, zahlreiche Menschen am Gift der Seewespen. Diese Quallen haben einen etwa apfelgroßen Körper, von dem eine Reihe Nesselfäden von bis zu vier Metern Länge ausgehen. In diesen Fäden befinden sich jene tödlichen Nesselzellen, die das Gift enthalten, das gefährlicher ist und schneller wirkt als der Biß einer Kobra. Wer mit diesen Nesselfäden in Berührung kommt, stirbt eines qualvollen Todes."

„Seit so vielen Jahren kennt man dieses Gift schon und hat noch immer kein Serum dagegen entwickelt?" fragte Ronald.

„Bereits im Jahre 1967 erforschte eine Medizinstudentin

des letzten Semesters namens Judy Payne, deren Freundin am Gift einer solchen Chironex fleckeri – so lautet der Fachname für diese Quallenart – gestorben war, die Seewespen genauer. Die Studentin spürte ihnen nach, fing einige und untersuchte sie in ihrem kleinen Laboratorium im Golf von Carpentaria. Nach ein paar tausend Analysen fand sie das Gift und isolierte es. Die Arbeit, daraus ein Gegengift oder gar Serum zu entwickeln, war viel zu kompliziert, als daß sie dies allein geschafft hätte. Das australische Commonwealth-Serumlaboratorium nahm sich dieser Aufgabe an, und im Sommer 1968 ging die Meldung wie ein Lauffeuer durch alle Küstenstädte Australiens, daß das Schutzserum gegen das Seewespengift gefunden sei."

„Und trotzdem nun diese hektische Jagd auf Seewespen?"

„Das Serum ist nach wie vor sehr knapp und teuer. Außerdem ist ein Teil der Menschheit allergisch dagegen. Und aus diesem Grunde werden nur solche Personen vorbeugend gegen dieses Nesselgift geimpft, die vor allem mit diesen Lebewesen zu tun haben. Dies sind die Küstenarbeiter und Fischer vor der australischen Küste. In Neuseeland sind diese Quallen erst einmal vor sechs Jahren aufgetreten. Damals waren auch dort alle gefährdeten Menschen geimpft worden. Doch dieses erneute überraschende Auftreten trifft sie unvorbereitet. Deshalb wird sofort Hilfe gebraucht!"

„Man könnte doch rasch alle in Frage kommenden Menschen impfen", schlug Juliane vor.

„Dazu ist es leider zu spät. Jetzt heißt es, alle Seewespen zu fangen und daraus neues Serum zu entwickeln. Und diese Feuerwehraufgabe hat euer Vater übernommen."

„Hoffentlich erwischt es keinen der Fanggruppe."

„Bei denen wird natürlich die Vorsorgeimpfung durchgeführt werden. In dieser Beziehung könnt ihr beruhigt sein."

„Und ich dachte immer, daß die Drogen und Gifte aus der See und von Seetieren zum Segen der Menschheit dienen und nicht, daß sie so tödlich sein könnten."

„Tödlich sind fast alle Gifte, die zur Heilung gefährlicher Krankheiten eingesetzt werden", erwiderte Mona. „Das reicht von Holothurin, das ein Nervengift ist, ähnlich dem des Fingerhuts, bis zum Gift des polynesischen Traumfisches. Dieses Gift wird übrigens von den polynesischen Inselbewohnern bei religiösen Riten gegessen und versetzt die Menschen in einen tranceähnlichen Zustand. Sie haben dann das Gefühl, bereits gestorben zu sein und berichten ihren atemlos lauschenden Zuhörern aus jener anderen Welt, die keiner kennt. Sobald dieses Gift in größeren Dosierungen genossen wird, bewirkt es Schreckeffekte, und aus dem Komagefühl wird schließlich totale Depression und die Ausschaltung des eigenen Willens."

„War da nicht auch etwas mit den berüchtigten Fugufischen im Japanischen Meer und im Pazifik?" bohrte Ronald weiter.

„Das stimmt! Während des Zweiten Weltkrieges kämpften japanische und amerikanische Truppen im Pazifik monatelang um die Insel Guadalcanal. Als dort ein japanischer Zerstörer versenkt wurde, trieben 19 japanische Soldaten auf einem Rettungsfloß in der See. Nach vier Tagen hatten sie nichts mehr zu essen. Die ersten Männer sprangen in geistiger Umnachtung über Bord und ertranken. Sechs Tage später fingen die letzten Überlebenden einige Fugufische, deren Fleisch genießbar ist. Die Schiffbrüchigen fielen mit Heißhunger darüber her, und zwei Soldaten verzehrten auch die inneren Organe der Fische.

Es dauerte nur zwei Sekunden, bis sich die ersten Folgen zeigten. Die Gesichter der Soldaten färbten sich krebsrot. Dann setzte die Atmung aus, und die Männer starben unter Qualen. Das Gift der Fugufische befindet sich in den inneren Organen. Es wirkt wie das indianische Pfeilgift Curare, nur bedeutend schneller und stärker. Übrigens geht die Zahl der Toten, die auf das Konto dieses Fisches kommen, in die Tausende."

„Und jetzt haben wir Heilmittel, aus diesen Fischgiften", stellte Ronald fest. „Es gibt soviel ich weiß über 400 giftige Fischarten im Meer, und seit mehr als 30 Jahren werden ihre Toxine untersucht und, sobald sie sich als Heilmittel erweisen, nach den vorgeschriebenen Test- und Versuchsreihen eingesetzt. Warum nur, wo wir doch genügend Heilmittel und Seren hatten?"

„Alle uns seit vielen Jahrzehnten bekannten Drogen, Heilmittel und Antibiotika waren nur solange etwas wert, wie ihre Wirkung sicher anhielt", erklärte Mona den beiden. „Als nach jahrzehntelangem Gebrauch ihre Wirkung nachließ, weil Bakterien und Viren dagegen immun wurden, mußte man sich dieser neuen Gifte aus dem Meer bedienen, um die gefährlichen Krankheiten der Menschheit besiegen zu können."

„Ich habe gehört, daß wir fast alle Krankheiten, die es gibt, mit Fischgiften behandeln können, auch den Krebs."

„Das stimmt. Es sind seit 1970 erste Krebsmittel im Handel, die zunächst allerdings nicht ausreichten, um diese Geißel der Menschheit zu besiegen. Aber die neuesten Mittel sind bereits so, daß sie, rechtzeitig genommen, Krebszellen absterben lassen. Das Tetrodotoxin des Pfefferfisches, das japanische Forscher entwickelten, konnte bereits sehr früh die letzten Tage von Krebskranken erleichtern. Mit dem Elcoisin wurde der Bluthochdruck unter Kontrolle gebracht. Das Gift der Muschel Conus magnus verhindert spastische Lähmungen, und je tiefer wir in das Geheimnis des Weltmeeres und seiner Lebewesen eindringen, desto größer werden unsere Chancen, auch auf dem Gebiet der Heilung der Menschen von tödlichen Krankheiten aus Meerespharmaka und -seren das Beste zu machen."

„Kapitän Leukas an alle: wir laufen in Wascertown ein! Buffy und Tuffy sollten uns jetzt überschwimmen. Bitte gib ihnen das Zeichen, Juliane."

Sie fuhren wie aus einem Traum auf. Juliane blickte aus

dem Seitenfenster. Sie sah Tuffy, die mit ihrer Hand nach ihr zu greifen schien. Dann tauchte Buffy über ihr auf, der sich einfach absacken ließ und so Tuffy von ihrem Fensterplatz verdrängte.

Die Außenanlage der Sprechfunkvermittlung war eingeschaltet. Juliane griff nach ihrem Vocoder: „Buffy und Tuffy schwimmen nach vorn über uns hinweg in die Schleuse hinein!“

Buffy antwortete, beide Delphine verschwanden aus ihrer Sicht, tauchten kurz darauf vor dem „Deepking“ wieder auf und schwammen der geöffneten Schleuse von Wascertown entgegen.

„Die Stadt hat uns wieder“, sagte Mona mit einem leichten Aufatmen.

Streifzug durch Wascertown

Nachdem sie sich in ihrem Quartier frisch gemacht und den Freizeitdreß von Wascertown angezogen hatten, schlenderten Ronald und Juliane durch die Spiralstraße von Wascertown zum Heim der Dasjarks. An der kleinen Kartenskizze konnten sie sich sehr gut orientieren.

Als sie das Haus erreicht hatten, waren Mona und ihr Mann gerade dabei, eine Akte zu studieren, die Professor Dasjarks vom Zentralcomputer mitgebracht hatte.

Sie begrüßten ihren „Eierkopf" mit Handschlag und setzten sich zu den beiden. Was der Professor ihnen berichtete, ließ sie aufhorchen.

„In der Metallkapsel, die ihr von eurem ersten Besuch mitgebracht habt, ist ein auf Goldfolie eingezeichneter Plan eines Unterwasser-Uranstollens gewesen, den wir noch nicht kannten. Dieser Stollen liegt genau 89 Seemeilen hinter der Delphinstadt und hinter dem Felsvorgebirge in der Bucht mit den beiden Insel. Infolge der Strahlungen des magnetischen Südpols haben unsere Satelliten dieses Gebiet noch nicht aus der Luft entdeckt. Aber ich bin sicher, daß alles genau stimmt."

„Und was geschieht jetzt?" fragte Ronald wißbegierig.

„Ich denke, daß Professor Waters eine Bohreinheit hinschickt, um die Sache prüfen zu lassen."

„Dann wird Wascertown sicherlich noch größer werden, als es jetzt schon ist und das ist schade", warf Juliane ein.

„Wahrscheinlich wird sich die Zahl der Einwohner nicht so erhöhen wie du befürchtest, denn die erste Teamarbeit des Ausbaues ist beendet, und die Arbeiter und Ingenieure, die diese Aufgabe erledigt haben, verlassen bald die Stadt", erklärte der Professor.

„Wenn wir essen gehen wollen, wird es Zeit", mahnte Ronald. „Ich könnte jetzt sogar vor lauter Hunger Algensalat verspeisen."

„Was du sicherlich auch tun wirst, ohne ihn als Algenkost zu erkennen", kommentierte Mona.

Während der Professor zurückblieb, um für die heutige Abendbesprechung weiteres Material auszuwerten und auch Monas Tonbandaufnahmen zu dechiffrieren, brachen Mona, Ronald und Juliane auf.

Sie schlenderten durch die Spiralstraße der Stadt, die sich jetzt mit Menschen gefüllt hatte. Sie sahen Westeuropäer und Ostasiaten, Sibirier und Polynesier. Dies hier war eine kosmopolitische Stadt; ebenso wie die Internationale Meeresschutzbehörde über Beamte und Angestellte aus aller Herren Länder verfügte, die nach einem gewissen Schlüssel verteilt wurden.

Die Spirale endete im Zentrum der Stadt auf einer Art von Marktplatz, auf dem ein Obelisk stand, der von einem Scheinwerfer aus der Kuppel der Unterwasserstadt heraus angestrahlt wurde.

„Captain George Foote Bond Memorial" las Ronald.

„Ein toller Bursche, dieser Medizinaloffizier der Navy", sagte Mona. „Wenn wir bedenken, daß seine Forschungsreihe ‚Genesis' und die berühmten drei ‚Sealab'-Unternehmungen zu einer Zeit stattfanden, als das Meer noch immer eine zweidimensionale Fläche war, über die man so gerade auf Schiffen einigermaßen hinwegfahren gelernt hatte. Er und der französische Unterwasserexperte Cousteau haben die Erforschung der dritten Dimension der Erde professionell durchgeführt."

„Haben die sich nicht einmal unter Wasser über mehr als 10.000 Kilometer hinweg unterhalten?" fragte Ronald.

„Mehr als 15.000 Kilometer", korrigierte Mona.

„Das mußt du uns erzählen!" bat nun auch Juliane, während sie auf einer Bank im Mittelpunkt von Wascertown Platz nahmen.

„Es war während des Unternehmens Sealab II, das von drei Taucherteams durchgeführt wurde. Jedes Team blieb 15 Tage unter Wasser, und zwar in einem Unterwasserhaus, das in 62,5 Meter Tiefe bei La Jolla vor der kalifornischen Küste auf den Meeresboden abgesenkt wurde. Die erste besondere Funkverbindung, die sie herstellten, bestand allerdings in einer Funksprechkette, die von Sealab II ins All hinaufreichte und zu jener Gemini-Kapsel führte, die gerade die Erde umkreiste. An Bord der Gemini-Kapsel befand sich Gordon Cooper, der nun mit Scott Carpenter im Unterwasserhaus zum erstenmal aus einer Umlaufbahn sprach. So wurde der Funksprechverkehr vom inneren Weltraum, wie wir die Meerestiefe nennen, zum äußeren Weltraum der Raumfahrt aufgenommen."

„Aber Scott Carpenter war doch auch ein Astronaut und kein Aquanaut", warf Ronald ein.

„Stimmt! Scott Carpenter war 1962 bereits mit ‚Aurora 7' als zweiter Amerikaner zu einer Erdumkreisung gestartet. Er war danach aus der NASA ausgeschieden, um als Aquanaut zur Unterwasser-NASA überzuwechseln. Und diesmal war er Teamleiter beim Sealab II. Er untersuchte mit seinem Team die Lichtabgabe lumineszierender Lebewesen, machte Arbeiten mit Foto- und Taucherlicht und führte viele Atmungsversuche durch."

„Und das Gespräch der Aquanauten untereinander?" kam Ronald auf seine erste Frage zurück.

„Während das zweite Team unten war, das übrigens die ersten Tests mit einem Tuffy genannten Delphin unternahm, der zunächst nur Schallsignale beantwortete, dann aber auch als Briefträger fungierte, wofür er nur einige Heringe erhielt, also unter dem Briefträgertarif entlohnt wurde, geschah noch nichts. Erst als unter Führung von Captain Sheats das dritte Team abtauchte, war auch Kapitän Jacques Yves Cousteau, der Chef der französischen Unterwasserforschung, zu seinem Unternehmen ‚Conshelf III' gestartet, in dem ebenfalls die Methode des Sättigungstauchens untersucht werden sollte. Cousteau lebte und arbeitete mit vier anderen Tauchern in einer Tiefe von 98,5 Metern vor der Küste von Nizza auf dem Grund des Mittelmeeres. Seine hier aufgebaute Station lag genau 16.200 Kilometer von La Jolla entfernt. Die Sprechfunkkette funktionierte, und zum ersten Male in der Geschichte der Menschheit unterhielten sich zwei Menschen aus der Unterwasserwelt miteinander. Das erste Unterwassergespräch zweier wissenschaftlicher Teams war nur kurz, und dennoch leitete es eine neue Epoche in der Unterwasserforschung ein. Von diesem Tage an konnten Wissenschaftler vom Meeresgrund aus mit Kollegen im gesamten Weltmeer direkten Erfahrungsaustausch betreiben. Wichtige Testergebnisse konnten direkt übermittelt werden."

„Und wir wundern uns immer, wenn die Sprechverbindung zwischen dem ‚Deepking' und dem ‚Meerpfeil' so reibungslos klappt", sagte Juliane.

„Ich habe einen Mordshunger", erinnerte Ronald.

Sie gingen in das Hauptrestaurant von Wascertown, das Shark House, das als einziges einen gesamten Unterwasser-Panoramablick hatte, den sie bereits vom Vorjahr her kannten.

Die Theke in Gestalt eines Korallenriffs auf einem gestrandeten künstlichen Wal war ihnen zwar bekannt, aber in den vergangenen 367 Tagen hatten sie vergessen, wie imposant sie erschien. Der riesige Krake, der von der Decke auf sie herunterstieß und mit vorschnellenden Fangarmen nach ihnen griff, schreckte sie nicht mehr, denn Ronald hatte seine Schwester vorher bereits daran erinnert, was hier auf sie wartete.

Sie nahmen an der langen Glaswand mit dem Unterwasserpanorama Platz. Das Bild war so, als sähen sie von hier aus direkt ins Meer hinaus, doch der Schein trog, denn das Shark House lag mitten in der Stadt. Fernsehkameras brachten in einer geschickten Schaltung das von Scheinwerfern ausgeleuchtete Meer heran.

„Da!“ rief Juliane und deutete auf die rechte untere Bildecke. Dort tauchte plötzlich ein riesiger Oktopus auf, mit dickem Körper und langen Fangarmen. Er bewegte sich nach dem Rückstoßsystem rasch vorwärts und verschwand schließlich, eine dunkelbraune Wolke Sepia ausstoßend, aus ihrem Blickfeld.

Das, was ihn dazu veranlaßt hatte, diese dunkle Wolke auszustoßen, war ein langer Grampus, ein sehr seltener Tiefwasserwal, der dem Killerwal ähnlich sieht. Aber weder Ronald noch Juliane wußten, was der Name Grampus überhaupt bedeutete und wie ausgerechnet ein solcher Meeresbewohner hierher kam.

Mona löste dieses Rätsel: „Das Wort Grampus ist aus den beiden französischen Wörtern grand poisson abgeleitet, was soviel wie großer Fisch heißt. An und für sich kommen diese Wale nicht in der Antarktis vor, eher in wärmeren Gewässern. Alljährlich stranden einige vor der Küste von Florida. Der Grampus wird mit dem Pilotwal ebenso wie mit dem Killerwal verwechselt. Er ist aber im allgemeinen kleiner als diese beiden, wie ihr gesehen habt. Da kommt er übrigens zurück!“

Der Grampus wurde nun von Ronald unter die Lupe genommen.

„Der ist höchstens viereinhalb Meter lang und dann ist er noch . . . Halt, was ist denn das? Das sind doch die Keys vor Florida“, rief Ronald überrascht.

Mona brach in helles Gelächter aus, als sie das verblüffte Gesicht des Jungen sah. „Hast du endlich geschnallt, daß dies nur ein Film ist?“ bemerkte sie.

„Aber warum der Zirkus?“ fragte Ronald töricht. „Dazu brauchte man doch nicht einen solchen Umstand zu machen. Das hätten sie doch auch mit einem kleinen Fernsehsaal erreichen können.“

„Aber es ist interessanter so, und die Besucher dieses Lokals wünschen sich solche exotischen Meeresbewohner, auch wenn sie überhaupt nicht in diesen Gewässern leben.“

Da gerade die Vorspeise gebracht wurde, verstummte das Gespräch bis auf einige Bemerkungen zu dem Krabbencocktail, der wirklich ausgezeichnet war.

Danach hatten die drei wieder Muße, das Unterwasserpanorama zu betrachten, das diesmal geschickt von der Unterwasserwelt von Wascertown in die Unterwasserwelt vor der Ostküste der USA überleitete. Sie sahen einige Riesengrouper und mehrere Gruppen von Haien, die lässig dahinzogen und sich um nichts zu kümmern schienen. Nach ihrer Kopfform waren es Hammerhaie aus dem Raum der Galapagosinseln, und zwar eine ganze Schule von mindestens 20 Exemplaren.

„Das ist aber ein verflixt großer Haufen Fische“, meinte Ronald verblüfft.

„Die Hammerhaie schwimmen immer in großen Schulen. Man hat schon Gruppen von über 300 Haien gezählt. Peter Klimley von der Scripps Institution für Ozeanographie hat vor Jahren untersucht, warum sie in Gruppen schwimmen. Er ist zu der Überzeugung gelangt, daß die Hammerhaie einen verminderten Instinkt für die Orientierung haben. Ihre Führer sind deshalb auch meistens große weiße Haie oder große Tigerhaie und Killerwale.“

Der Hauptgang wurde aufgetragen. Es gab einen Fisch, den die Golff-Kinder nicht kannten. Mona hatte ihn für sie ausgesucht und auch die Sauce dazu bestellt. Sie aßen mit großem Appetit und erfuhren, daß es sich um ein Haisteak gehandelt hatte. Es war delikat und zart.

Danach bestellten sie noch etwas, das nicht aus dem Meer

kam: und zwar Eiscreme mit Schlagsahne. Erst nachdem sie diese Köstlichkeit verspeist hatten, erfuhren sie von Mona, daß die Sahne aus Walmilch bestanden hatte.

„Aber woher bekommt ihr denn Walmilch?“ fragte Ronald verblüfft. „Haltet ihr sie etwa wie Kühe auf der Weide?“

„So ähnlich ist es. Unsere Fischfarm, die sich etwa 20 Meilen weiter zur Landspitze hin befindet, hat auch Walkühe, neben all den anderen Speisefischen, die hier gezüchtet werden.“

Zum Schluß zeigte ihnen die raffinierte „Direktschau des Meerespanoramas“ noch ein Wesen, das wie eine rotweiß quergestreifte Schlange aussah und sich in vielen Windungen auf dem Seeboden fortbewegte.

„Wie heißt diese Schlange?“ fragte Ronald.

„Das ist keine Schlange, das ist ein Wurm.“

„Ich höre immer Wurm!“ sagte Ronald, und es war nun an ihm, Mona mißtrauisch anzublicken. „Und wie heißt dieses Würmchen?“

„Das ist der Ribbonwurm. Mit seinen Zebrastreifen sieht er auch wie ein von Bändern umgürteter Wurm aus. Seine lateinische Bezeichnung lautet Baseodiscus mexicanus. Er wird insbesondere vor der Küste von Mexiko in bis zu zehn Meter tiefem Wasser gefunden. Es gibt welche, die erreichen Längen bis zu 30 Metern. Dieser ist übrigens ein solcher Lineus longissimus. Er ist normalerweise nur 25 Fuß lang, kann aber sein flexibles Maul auf die zweifache Länge seines Körpers ausdehnen, so daß er dann insgesamt 75 Fuß lang ist. Damit fällt er unter die Gattung der Rüsseltiere. Das heißt, eigentlich gehört er zu den Schnurwürmern.“

„Und wie fängt er seine Beute?“ fragte Ronald gebannt.

„Der lange Rüssel, der aus der muskulösen Rüsselscheide ausgestülpt werden kann, ist an seiner Spitze mit Kalkstiletten bewehrt. Die sind wie bei Schlangen mit Giftdrüsen verbunden. Das Gift betäubt oder tötet die Beutetiere.“

„Diese Viecher sind mir unheimlich. Ich glaube, wir sollten lieber zahlen und dann gehen. Vielleicht zeigen sie uns sonst noch unappetitlichere Dinge“, forderte Juliane Mona auf.

„Ich weiß nicht, was du hast. Diese Würmer gehören dazu, wie die Delphine und . . .“

„Du willst doch nicht meine Delphine mit diesem Gewürm vergleichen“, rief Juliane so aufgebracht, daß sich bereits ein paar Gäste nach ihnen umsahen.

„Warum denn nicht?“ stichelte Ronald weiter, auch wenn ihm diese Art von Meereslebewesen auch nicht besonders angenehm war.

Mona hatte mit ihrer Karte bezahlt, die sie in den Schlitz des Kleincomputers am Tisch gesteckt hatte. Als „Grün“ aufleuchtete, war klar, daß ihr Konto nicht überzogen war oder sie zumindest genügend Kredit hatte.

Sie verließen das Restaurant. Die Nacht war eingefallen, und von der runden Innenkuppel von Wascertown leuchteten die Sterne herab, wie sie auch vor der kalifornischen Küste zu sehen waren. Der Mond hing als grünsilberne Barke dicht über dem „Horizont“ von Wascertown, und weiter entfernt sahen sie durch die Kuppel der Unterwasserstadt die lange Lichterkette eines von zwei U-Booten gezogenen und geschobenen Unterwasser-Containerzuges, der vollbeladen mit Erzen den Weg nach Tasmanien antrat, um dort entladen zu werden und mit Versorgungsgütern und neuen Arbeitsgruppen nach Wascertown zurückzukehren.

Sie schlenderten durch eine der Speichen, die vom Außenrand quer durch die Spirale führten und Abkürzungsmöglichkeit boten. Als sie den Rand der Stadt mit der doppelten Verglasung erreicht hatten, deutete Mona hinaus.

Dort, wo das Überwachungshaus auf seinen hohen Stelzbeinen stand, konnten sie Lichtschein sehen. Zwei Taucher tauchten soeben aus, um die Kanalisationssysteme zu überwachen, wie Mona ihnen erklärte. Weiter vorn liefen zwei

Robot-Boote auf Zickzackkurs um Wascertown herum. Auch sie dienten der Überwachung. Bei der Annäherung von Fahrzeugen steuerten die Robot-Wachboote diese direkt an. Ihre hochempfindlichen Meßgeräte nahmen Motorstärke, die Drehzahl der Schiffsschrauben und die spezifische Wichte auf und analysierten sie. An Hand dieser Fernanalyse wurde festgestellt, ob es ein bekanntes oder unbekanntes Fahrzeug war. Beide Robot-Boote bewegten sich auf einander entgegengesetztem Kurs mit gleicher Geschwindigkeit um die Stadt herum. Sie wurden automatisch höher und tiefer gesteuert, um so eine optimale Sicherheit für Wascertown zu gewährleisten.

„Wenn ich dies hier alles sehe, denke ich, daß ich träume“, sagte Ronald, den sonst nichts zu erschüttern vermochte. „Dies hier ist wohl das größte, was ich gesehen habe. Wenn wir mal von der Unterwasserstadt der Delphinmenschen absehen wollen.“

„Unser Weg ins Meer ist notwendig, das ist alles, Ronald. Warum sollte unsere hochtechnisierte Welt nicht diesen letzten Ausweg genommen haben, als infolge der Bevölkerungsexplosion der Platz auf der Erde knapp wurde?“

„Natürlich, das stimmt schon! Daß sich aber alles so schnell entwickeln würde, hätte ich nie gedacht.“

„Eigentlich entwickelte es sich sehr langsam. Es sind Jahrzehnte vergangen, seitdem den Menschen mit der Aqualunge der Passierschein in den inneren Weltraum in die Hand gegeben wurde. Danach wurden in den sechziger Jahren gute Ansätze gemacht. Später, von den siebziger bis zum Ende der neunziger Jahre, passierte nichts. Das große Feilschen um Anteile am Festlandschelf, die jahrelangen vergeblichen Verhandlungen der Internationalen Seerechtskonferenzen, bei denen es um handfeste Vorteile ging, waren beschämend. Als schließlich die Seerechtskonferenzen doch noch den Grundstein zur Internationalen Meeresschutzbehörde legten, wurde die See unsere neue Heimat.“

„Welches waren denn die letzten Unternehmen, Mona?" war Ronald sogleich ganz Ohr.

„Es handelte sich um ein Seebodenheim und Laboratorium für Forscher, das in den warmen Gewässern nahe den Santa-Catalina-Inseln vor der kalifornischen Küste eingesetzt wurde. Es war ein Unterwasserhaus mit drei Räumen. Seine Abmessungen waren: 10,8 Meter Länge und 2,7 Meter Höhe und Breite. Für sechs gleichzeitig im Haus arbeitende Forscher waren Lebensmöglichkeiten vorhanden.

Ende der neunziger Jahre begannen die Forschungsarbeiten. Die Wissenschaftler verfügten in diesem Unterwasserhaus über ein Feucht- und Trockenlaboratorium. Jedes Team blieb zwischen 7 und 10 Tagen unten. Bald waren 16 Teams im Einsatz, die eine Fülle neuester Erkenntnisse über das Sättigungstauchen und andere Tauchvorgänge, aber auch über neue Unterwasser-Heizanlagen und anderes mehr erarbeiteten, auf dem Städtebauer wie Professor Waters aufbauen konnten."

„Und wie hieß das Experiment? Ich glaube, ich habe noch nie davon gehört."

„Das war das WRUL, was soviel wie Western Regional Undersea Laboratory bedeutet. Es wurde bei der Perry Oceanographics erbaut, die auch eine Reihe guter Tieftauchfahrzeuge konstruiert hat.

Es lag übrigens im Fishermens Cove auf der Santa-Catalina-Inselseite. Das Marine Center der University of Southern California betreute es. Dort wo es abgesenkt wurde, lag der Meeresboden in 144 Meter Tiefe. Die Hauptforschung richtete sich übrigens auf biologische Mehrproduktion in warmem Wasser. Vor allem aber wurden die Gebiete der Riesentanggebiete untersucht, um die Nahrungsmittelproduktion zu steigern. Das Unternehmen arbeitete mit dem Hawaiian Undersea Research Laboratory, HURL, auf der anderen Seite der Erdhalbkugel eng zusammen, das von der Universität von Hawaii in Makapuu Point auf der

Insel Oahu eingerichtet worden war. Dort wurde das Tauchboot ‚Makalii' eingesetzt, ein Boot, das in 360 Meter Tiefe Tauchoperationen durchführte."

„Das war ja eine ganze Reihe von Forschungsunternehmungen. Aber leider geschah alles vor meiner Zeit, sonst hätte ich davon auch gewußt."

„Es soll auch Bücher darüber geben", neckte Mona den Burschen, der sich so für die See interessierte.

„Klar, jetzt weiß ich das und werde es auch nachsehen."

Sie schlenderten weiter um das Rund der Unterwasserstadt herum, kamen in den Bereich der Unterwasserdocks und sahen zu, wie ein Containerzug entladen wurde. Mona hatte überall Zutritt. Ihre Aluminiumkarte verschaffte ihr auch in die Zentrale der Stadt Eintritt, die in einem unter der Oberfläche liegenden Bunkersystem lag. Hier schlug das Herz von Wascertown: ein Kernkraftmotor von gewaltiger Leistungskraft, der alle Energie erzeugte, die benötigt wurde, und noch für 10.000 Menschen und ihre Bedürfnisse zusätzliche Energie hätte schaffen können.

„Seht euch das an, wie im Kino!"

Die im Überwachungsraum rundum verteilten Monitore der Fernsehkameras leuchteten jeden Winkel der Stadt aus. Sie sahen nächtliche Patrouillen auf ihren schnellen Flitzern, Motorrädern ähnlich, durch die Spiralen fahren und einen Mann unter die Lupe nehmen, der sich am Ende der Stadt an einem der Häuser zu schaffen machte. Es stellte sich heraus, daß es sich um einen Ingenieur handelte, der seine Kennkarte verloren hatte, die auch sein Haus öffnete.

Die Streife gab seinen Namen durch, und auf dem Bildschirm des Wachhabenden in der Zentrale erschien nach Eingabe dieses Namens das Bild des Mannes mit seinen Körpermaßen, Augen- und Haarfarbe und besonderen Kennzeichen.

Da alle Unterlagen stimmten, wurde dem Ingenieur die Haustür geöffnet.

„Hier ist wohl alles reglementiert und überwacht?" fragte Ronald.

„Nur die dienstlichen Belange, die Sicherheit der Stadt und natürlich die Identität jedes einzelnen Bewohners von Wascertown. Dies alles hat sich als notwendig erwiesen, denn immer wieder ist es vorgekommen, daß Experten aus anderen Unterwasserstädten versucht haben, hier Spionage zu treiben und Fertigungs- und Herstellungsverfahren zu stehlen."

„Herstellungsverfahren von was?" fragte Ronald sofort.

„Nun, beispielsweise von Fischdrogen, die hier gewonnen werden. Gewissermaßen als Nebenprodukt, aber dennoch sehr lukrativ und beeindruckend."

„Könnten wir diese Stellen auch sehen?" war Ronald sogleich wieder am Ball. Mona nickte. Sie wandte sich einer Gegensprechanlage zu, drückte den Schalter, und die drei vernahmen eine helle, samtig klingende Mädchenstimme:

„Labor Seven-Zero, Virginia Hallard."

„Hallo, Virginia, hier spricht Mona. Ich habe meine alten Freunde Ronald und Juliane Golff bei mir. Wir sehen uns die Stadt an und möchten auch mal in deine Giftküche hineinschauen."

„Geritzt, kommt nur herein!" stimmte das Mädchen sofort zu.

Sie passierten eine schmale Stahltür, die wiederum mit Monas Kennkarte geöffnet werden konnte, und einen tunnelartigen Gang. Am Ende des Ganges befand sich eine gleiche Stahltür. Darüber hing ein hell beleuchtetes Schild:

„Fish farmacy and antibiotic – only authorized persons."

„Wir sind befugt", meinte Mona lachend, als Ronald sie auf dieses Schild aufmerksam machte. Wieder schloß ihre Karte als „Sesam öffne dich" die Tür auf, die geräuschlos auf ihren Stahlschienen in die Wand zurückglitt.

Sie befanden sich nun in einer weiten Halle, die mitten in den Fels des Meeresbodens hineingetrieben war. Die Lichtquellen, die noch den letzten Winkel erhellten, waren nicht zu sehen. Aus einem Verschlag links kam ein Mädchen im langen weißen Mantel heraus.

„Hi, Mona, wie geht's dir?"

„Danke gut, Virginia! Dies hier sind Ronald und Juliane Golff."

Die beiden Geschwister begrüßten das Mädchen, das höchstens zwanzig Jahre alt sein konnte. Es trug eine kleine Pistole in einem Halfter an der Seite, und wenn Ronalds erster Eindruck richtig war, dann wußte sie nicht einmal, wie man damit umgehen konnte. Ihr Gesicht war klar und offen. Dunkles Haar hing ihr in raffinierter Unordnung über die Stirn. Der Blick ihrer dunklen Augen glitt mit einem sehr wachsamen Ausdruck über die beiden Geschwister hin.

„Ihr wollt euch also unsere Giftküche ansehen. Schön, aber ich schätze, ihr solltet die Atemmasken aufsetzen, es riecht etwas in dem geschlossenen Raum, den wir gleich betreten. Die Ventilation ist nicht eingestellt."

„Das werden wir schon schaffen", meinte Ronald.

Das Mädchen zuckte die Achseln und ging vor ihnen her durch den Mittelgang. Linker Hand war ein Wasserbecken mit zwei automatischen Andocksäulen, in welche die Greifvorrichtungen von U-Booten einrasteten, wenn sie hier auftauchten. Eine Wache stand mit umgehängter Druckluftpistole am vorderen Poller bereit.

„Erwartet ihr noch ein Arbeitsboot?" fragte Mona ihre Freundin.

„In genau 15 Minuten wird der ‚Flying collector' durch die Tiefschleuse unter dieser Halle eintreffen. Er hat Fugufische abgeholt."

Sie hatten die Boxen erreicht, in denen unter Glas Fische und Meereslebewesen lagen, die noch nicht verarbeitet waren. Ronald las auf dem ersten Schild: „Holothurien – Seewalzen oder Seegurken." Direkt gegenüber befanden sich in einer ähnlichen Glasbox Seewespen, die bereits zu einer gallertartigen Masse zerflossen waren: „Chironex fleckeri – Seewespen“ stand darüber. Es folgten Pfefferfische, Cephalopoden und Conusmuscheln, und zu jeder Art dieser Lebewesen wußte Virginia, ihre Führerin, etwas zu sagen. Es stellte sich heraus, daß sie soeben ihre medizinischen Studien in Berkeley abgeschlossen hatte, um nun hier ihr praktisches Jahr zu absolvieren und dann in die Seepharmazieforschung zu gehen.

Hier war nichts von irgendeinem Geruch zu verspüren. Dies änderte sich erst, als sie in einen hermetisch abgeschlossenen Nebenraum traten, in dem in vier Reihen jeweils sechs Bottiche standen, deren Inhalte zu kochen und zu brodeln schienen. Männer in Atemmasken und Anzügen aus schimmerndem Kunststoff arbeiteten hier. Sie nahmen Proben, gossen genau abgemessene Chemikalien hinzu, starrten auf Anzeiger und Manometer und blickten sich nur kurz um, als sie die Schritte der Eintretenden hörten.

Unwillkürlich wich Juliane einen Schritt zurück und preßte ihre Hand auf die Nase. Sie wurde schlagartig blaß im Gesicht und drängte sofort wieder hinaus in die Schleuse. Ronald versuchte standhaft zu bleiben, aber auch er retirierte sehr bald. Mona und Virginia folgten den beiden zurück in die große Halle.

„Das ist ja entsetzlich. Ist da immer so ein Geruch?“ fragte Juliane.

„Geruch ist d i e Untertreibung des Jahrhunderts“, sagte Ronald. „Pfui Teufel! Daß die Männer es dort aushalten können.“

„Sie spüren nichts davon, ihre Atemmasken schützen sie völlig. Übrigens ist dies hier nur die Abfallverwertung. Die reinen Gifte werden im Labor gewonnen, das wir allerdings nicht besuchen können.“

In der großen Halle sah Ronald jetzt erst an der ihnen gegenüberliegenden Wand, unter der sich der Eingang befand, eine Unterseekarte. Ein leuchtender Punkt bewegte sich unter Wasser auf die erste Schleuse zu, über die es in dieses Becken ging. Der Computer spuckte die Daten des ankommenden Fahrzeugs aus, die das Abtastgerät am Eingang der Schleuse von dem nahenden Tauchboot aufnahm.

„Es ist der ‚Flying collector‘“, sagte Virginia nach einem flüchtigen Blick auf das Gerät.

Das Tauchboot hatte die Tiefenschleuse passiert. Sekunden später brodelte das Wasser im Becken der Halle auf, und beinahe senkrecht, den Turm voraus, tauchte das Transport-U-Boot auf. Es glitt an den Mittelgang heran, wurde genau an der richtigen Stelle gestoppt; die beiden Greiferarme fielen aus der Bordwand heraus und rasteten in den Stahlpollern ein.

Das Luk öffnete sich, und über die ausgefahrene Stelling kam der Kapitän des Transportbootes an Land.

„Erster Leutnant Webbley zur Stelle“, meldete sich der schlaksige Seeoffizier, der wie alle übrigen Menschen mit öffentlicher Funktion das Zeichen von Wascertown auf dem Overall trug.

„Hallo Steve, alles gut verlaufen?“ grüßte Virginia den jungen Mann.

„Bis auf die Duelle der Schwertfische gegen ein Rudel Haie keine zehn Meilen von hier entfernt“, erwiderte der Mann.

In Edelstahlcontainern wurde die Ladung von Bord geschafft. Ein computergesteuerter vierrädriger Wagen rollte lautlos aus dem Vorratsraum heran, nahm die zylindrischen Container auf und brachte sie in die Kühlhalle, wo die eintreffenden Giftfische gelagert und bis zur Verwertung aufbewahrt wurden.

„Es ist bereits Mitternacht“, mahnte Mona zum Aufbruch. „Wir müssen uns jetzt ausruhen, denn morgen laufen wir mit dem ‚Deepking‘ aus.“ Sie wandte sich ihrer Freundin zu: „Also vielen Dank, Virginia, daß du uns alles gezeigt hast. Und gute Nacht, Leutnant.“

Sie verabschiedeten sich; am Ausgang des unterirdischen Herzens der Stadt rief Mona über Funk ein Schnelltaxi heran, das auf der Mitte der Straße in Magnetschwebetechnik dahinglitt und sie in Null Komma nichts zu ihrem Haus brachte.

„Gute Nacht, und denkt daran, euren Wecker auf sieben Uhr zu stellen. Um halb neun läuft der ‚Deepking' zum Treffpunkt mit dem Käufer der beiden Silberdelphine aus. Wenn ihr dabei sein wollt, dann schlaft gefälligst etwas schneller."

„Gute Nacht, Mona, träume süß von sauren Gurken", rief Ronald hinter der jungen Frau her, die bereits wieder in das Schnelltaxi gestiegen war.

Buffy und Tuffy als „Köderfische“

Als die Minutenanzeige der großen Digitaluhr in der Schleuse von Wascertown auf die halbe Stunde sprang, wandte sich Kapitän Leukas der Sprechverbindung zur Maschine zu.

„Kapitän an Helms: ‚Ablegen und auslaufen!‘“

Die beiden Halterungen fielen, der „Deepking“ glitt durch die geflutete Schleuse, passierte das erste stählerne Kugelschott, das sich hinter ihn schloß und glitt dann mit kleiner Fahrt durch das vordere Schott in den Auslaufkanal von Wascertown hinaus. Die Sperre ließ sie passieren, nachdem sie abgetastet worden waren.

„Auf 20 Knoten gehen!“ befahl der Kapitän, als auf dem Bildschirm die beiden Delphine zu erkennen waren, die durch das Kanalsystem vom Delphinarium aus ins Freie geschwommen waren.

Buffy trug eine Übermittlungsröhre um den Hals und schien fröhlich zu schnattern.

„Das ist sicher ein Abschiedsgruß von Mona“, meinte Juliane. „Sicher ist er für dich ganz allein bestimmt.“

„Hast du nicht ab und zu eine andere Idee? Das ödet einen ja an“, erwiderte Ronald mißgelaunt und erhob sich von seinem Platz vorn links im Boot, um weiter nach vorn zu Kapitän Leukas zu gehen, der in seinem bequemen Pilotensessel saß und die vorbeiflitzenden Markierungen der Hafenausfahrt studierte.

Als sie sich im freien Gewässer befanden, sichteten sie auf dem Rundumschirm ein paar lange Schatten. Die Schallbildkamera wurde auf dieses Ziel eingeschwenkt und sie erkannten zwei Schwertfische, die sich eines doppelt so großen Killerwales erwehrten, der einen von ihnen angriff. Der Killerwal war mindestens 10 Meter lang und sein weißes Vorderteil schimmerte glänzend. Er stieß mit voller Geschwindigkeit auf einen der Schwertfische zu. Dieser wich mit einer schnellen Bewegung aus und der von der Seite kommende zweite Schwertfisch bohrte sein langes Schwert in die Flanke des Wals, der nun von seinem Gegner abließ und sich mit wilden Flukenschlag dem anderen Gegner zuwandte, dessen Schwert sich tief in seine Flanke gebohrt hatte. Der Schwertfisch kam nicht mehr frei. Es sah ganz so aus, als hätte er sich selbst aufgespießt.

Buffy und Tuffy hatten sich sofort in guter Distanz abgesetzt und schwammen nunmehr dicht am „Deepking“ mit, um notfalls unter dem Boot her auf die andere Seite zu wechseln.

Juliane stieß einen entsetzten Schrei aus, als nach einem mächtigen Emporschnellen des Killerwals das Schwert des Schwertfisches abbrach und dieser, von dem Wal verfolgt, nach unten wegtauchte.

„Er wird nicht daran sterben“, tröstete Kapitän Leukas das Mädchen und war heilfroh, daß sie bald den Schauplatz dieses Kampfes passiert hatten.

Als an Backbord voraus die Schatten einer Haigruppe auftauchten, ließ Spiridon Leukas das Boot mit 20 Grad Steuerbordruder herumgehen und das gefährdete Gebiet umlaufen.

Die Haie blieben achtern zurück und nach einer neuerlichen Kurskorrektur fuhren sie mit 25 Knoten Fahrt dem Treffpunkt mit dem Unterwasserfahrzeug des Käufers der Silberdelphine entgegen.

Drei Stunden später hatten sie das Seegebiet nordostwärts der Balleny-Inseln erreicht. Hier erhielten sie bald Kontakt zu einem Unterwasserfahrzeug. Die Schallbildkamera hatte es ebenfalls rasch erfaßt und sie konnten sehen, daß es ein sogenanntes Tourist-Sub war, ein Tauchboot, mit dem Touristen die Unterwasserwelt durchfahren konnten.

„Wir werden das Boot jetzt rufen. Es hat uns noch nicht geortet", erklärte Kapitän Leukas dem neben ihm stehenden Ronald und schaltete die Unterwasserfernsprechverbindung ein:

„Kapitän Leukas ruft Tourist Sub, kommen!"

Ein paardutzend Sekunden vertickten, ehe die Antwort erfolgte: „Hier ‚Golden Belle', Eigner Charles Cantarides. Wir erwarten hier Mister Joseph Marzetti."

„‚Golden Belle' von Leukas: Mister Marzetti ist leider verhindert. Ich habe den Auftrag übernommen, Ihnen die Silberdelphine zu übergeben, kommen."

»Wo sind denn Ihre Delphine?" fragte der Mann an der Gegensprechanlage. Kapitän Leukas gab Juliane einen Wink.

„Du spielst jetzt das Band ab, ich werde es zu den Delphinen leiten", erklärte er.

„Geht das auch gut, Onkel Leukas?"

„Sicher geht das gut. Das sind keine Banditen. Das ist ein besessener Sammler. Ein stinkreicher Kerl, der sein Geld mit zwielichtigen Geschäften gemacht hat, aber niemals selbst mehr dazu getan hat, als das Kapital zu diesen Coups zur Verfügung zu stellen."

„Also schön!" Juliane steckte den Anschlußadapter in die Sprechanlage für den Außenverkehr ein und spielte ihre Weisung für die beiden Delphine ab.

Sie sah, wie Tuffy, der Silberdelphin, zum Ausguckfenster kam. Als er die Weisung verarbeitet hatte, antwortete er und schwamm sofort in die Richtung auf das Unterwasserschiff, das inzwischen auf höchstens eine Meile Distanz herangekommen war.

Auf den Bildern der Schallbildkamera sahen Ronald und Juliane, daß dieses Tourist Sub von mindestens vier Menschen besetzt war, die an den bullaugenartigen Ausblicken hingen und nach Tuffy Ausschau zu halten schienen.

Als Tuffy dicht vor dem Tourist Sub angekommen war, dem der Eigner den sinnigen Namen „Golden Belle" – die goldene Schöne – gegeben hatte, flammten dort Scheinwerfer auf und fingen den Silberdelphin mit den menschlichen Händen ein. Tuffy schwamm langsam an den Sichtfenstern vorbei, unterschwamm den Schiffskörper und kam an der anderen Seite emporschwimmend außer Sicht.

„Tuffy, jetzt umkehren!" rief Juliane, als der Delphin nicht mehr zum Vorschein kam. Aber Tuffy tauchte nicht wieder auf. Offenbar leistete sie sich wieder einen seiner Scherze.

„Buffy, nachsehen was Tuffy macht!" rief Juliane dem zweiten Delphin zu. Buffy antwortete und schoß dann auch schon wie ein Torpedo dem Unterwasserschiff entgegen. Auch er schwamm zunächst daran entlang und tauchte dann darunter her auf die andere Seite.

Juliane, die den Vocoder auf Empfang gestellt hatte, vernahm einige schnelle Warnlaute, dann ein helles Quietschen und irgendwelche andere Töne, die sie nicht zu deuten wußte.

„Achtung, die stellen irgend etwas mit den Tieren an!" rief Juliane warnend.

In diesem Moment drehte das Tourist-Sub beinahe auf der Stelle. Es ging sofort mit der Fahrt herauf und entfernte sich blitzartig von dem wartenden „Deepking".

„Sie haben uns geleimt, Kapitän!" rief Hanns Helms wütend.

„Beide äußerste Kraft voraus!"

Fast aus dem Stand lief der „Deepking" an und folgte dem Tourist-Sub, das eine verblüffende Geschwindigkeit vorlegte, die dem „Deepking" keine Chance gab, aufzuschließen.

„Wo sind meine Delphine?" rief Juliane anklagend.

„Sie sind offenbar an Bord genommen worden. Sicherlich arbeitet dieser famose Mann auch mit Elektroschocks, die die Delphine in die untere Kammerröhre getrieben haben."

„Wir müssen ihnen folgen!" rief Ronald ebenso erregt wie seine Schwester. „Woher weiß dieser Kerl, daß wir nicht zu Lightnings Bande gehören?" fragte er dann.

„Er wurde möglicherweise gewarnt. Ich könnte mir denken, daß einer der Männer, die uns ihre Mitteilungen gemacht haben, auf eine Falschmeldung programmiert war, die jedem Empfänger zeigte, daß die Sache schiefgelaufen war."

„Wir müssen sie stoppen, Onkel Leukas, sonst entkommen sie mit den beiden Delphinen."

Eine Sekunde dachte Kapitän Leukas an die Passagiere in dem Tieftauchboot. Dann wandte er sich entschlossen an Hanns Helms.

„Wir schicken den Fernbeobachter hinterher, Helms. Der wird dranbleiben und uns zum Landeplatz des Bootes führen."

„Wir sollten außerdem den ‚Silver' hinterherjagen, Kapitän."

„Ja, beides! Leukas an ‚Silver': Sind Sie einsatzbereit?"

„‚Silver' an Kapitän: Rückstoßzigarre ist startklar."

„Sie folgen dem Fernbeobachter in gebührendem Abstand und führen und sichern ihn."

„Ich warte auf den Aussetzbefehl und folge", bestätigte Baker, der Führer des schnellen Rückstoßbootes.

„Also los, Baker!"

Mit leichtem Ruck fiel der „Silver" aus seiner magnetischen Verankerung heraus und lief schnurrend unter dem Kiel des „Deepking" entlang nach vorn.

Sekunden später wurde auch das winzige Erkundungsboot durch die Schleuse ausgestoßen. Es war nur etwas mehr als einen Meter lang, ferngesteuert und mit einer Spezial-

Schallbildkamera ausgestattet. Das winzige Boot entfernte sich nach Fernschaltung des Antriebs so schnell nach vorn, daß Juliane und Ronald, die in der Glaskanzel des „Deepking“ neben Kapitän Leukas standen, es nur wenige Sekunden sehen konnten. Lediglich das Kamerabild zeigte ihnen, daß „Frenzy Boy“ das Tourist-Sub bereits erreicht hatte und ihm in einer Meile Distanz folgte.

„‚Silver‘ an ‚Deepking‘: Wir haben ‚Frenzy Boy‘ im Gerät. Er läuft achtzig Knoten, wie das Fremdboot und wird dranbleiben. Wir führen ihn jetzt und folgen.“

Der Kurs, den das fremde Tourist-Sub nahm, war genau auf die Macquarie-Inseln gelegt, eine kleine Inselgruppe an der Südspitze des australischen Beckens noch südlich der Campbellinseln.

Mit der höchsten Fahrtstufe von 70 Knoten folgte der „Deepking“ dem fremden Boot, um nicht zu weit abgehängt zu werden. Bis zu den Inseln waren es noch 1.700 Kilometer, was bedeutete, daß das fremde Boot mit Namen „Golden Belle“ diese Distanz in gut elf Stunden zurücklegen würde. Sie konnten es mit dem „Deepking“ günstigenfalls in knapp 13 Stunden schaffen. Diese zwei Stunden Distanz würden es dem Gegner ermöglichen, die Delphine irgendwo in Sicherheit zu bringen.

„Wir müssen entweder das Boot stoppen, oder die Einsatzgruppe rufen, damit die das Boot aus der Luft verfolgt und im Haupthafen der Macquarie-Inseln in Empfang nimmt.“

„Letzteres wäre sicherlich besser, Kapitän. Wir wissen nicht, ob die Besatzung der „Golden Bette“ nicht zu Auseinandersetzungen bereit ist, wenn wir das Boot stoppen“, gab Hanns Helms zu bedenken.

Inzwischen lief der „Frenzy Boy“ in stets gleichbleibendem Abstand hinter dem Tourist-Sub her und schickte seine Bilder auf den Monitor des „Deepking“.

Kapitän Leukas hatte sich dazu entschlossen, die Unterwasser-Sicherheitsgruppe zu alarmieren. Sein Funkspruch wurde von Hval I übernommen und an die nächstliegende Wachstation in Invercargill an der Südspitze der neuseeländischen Südinsel abgestrahlt.

Drei Minuten später hatten sie die Antwort. Sie lautete:

„Einsatzteam soeben gestartet. Es wird den Kurs des Unterwasserbootes durch Hval-I-Überwachung verfolgen und es bei der Landung stellen."

„Das wär's, Juliane! Wir werden Buffy und Tuffy wohlbehalten wiedersehen."

„Hoffentlich, Onkel Leukas", sagte Juliane kleinlaut.

Daß sie die beiden Delphine bedeutend eher wiedersehen würden, als in einem Hafen der Macquarie-Inseln, zeigte sich nach zweistündiger Verfolgungsfahrt, als plötzlich „Frenzy Boy" anzeigte, daß die „Golden Belle" nur noch sechzig Knoten Fahrt machte. Fünf Minuten später fiel die Leistung des Unterwasserschiffes auf 40 Knoten Fahrt zurück und abermals 10 Minuten darauf meldete „Silver":

„SOS-Rufe von ‚Golden Belle': Das Boot liegt mit ausgefallenen Maschinen fest und sinkt ständig tiefer."

Kapitän Leukas zerquetschte einen Fluch zwischen den Zähnen. Er ließ mit unverminderter Geschwindigkeit weiterlaufen; als sie den Gegner auf dem eigenen Fernsehschirm hatten, wurde der „Frenzy Boy" an Bord zurückdirigiert, mittels der Vorrichtung durch die Schleuse eingeholt und in sein „Dock" unterhalb der Dekompressionskammern für die beiden Taucher eingeschleust.

„‚Silver' bleib dran, bis wir dort sind. Sollte es ein Trick sein, dann Feuer frei für die Druckwaffen und Ausschalten der Maschine durch Laser."

Baker bestätigte den Spruch und schon glitt der „Deepking" näher an die „Golden Belle" heran, deren Namen tatsächlich in Goldbuchstaben auf beiden Seiten des Stahlkörpers stand.

„Leukas an Cantarides: Wir wissen, daß Sie Öl und Urantransporte durchführen, daß Sie aber Delphine entführen, war uns neu."

„Helfen Sie uns, wir sind manövrierunfähig und sinken tiefer. Unser Boot ist nur für 4.000 Meter Tiefe ausgelegt!"

„Sie können beruhigt sein. Das Gewässer, in dem sie schwimmen, gehört zum Antarktischen Rücken und ist nur knapp 2.000 Meter tief, wenn Sie sich nicht gerade über dem Teufelsloch mit 5.852 Meter Tiefe befinden. Ihr Boot wird also nicht zerdrückt. Sie werden lediglich auf den Meeresboden sinken und langsam keine Luft mehr bekommen."

„Das können Sie doch nicht machen! Sie sind doch Kapitän eines Hilfsschiffs der Internationalen Meeresschutzbehörde."

„Sie haben unsere beiden Delphine gestohlen und widerrechtlich an Bord genommen. Lassen Sie sofort die Delphine frei."

„Okay, okay!" rief Cantarides erleichtert. Zehn Sekunden später tauchten Buffy und Tuffy aus dem Tank-Schwimmraum des Bootes auf. Sie flitzten zum „Deepking" hinüber und stießen ihre langen Nasen gegen die Bullaugen. Julianes Hand glitt über das Glas hinweg, als könnte sie Buffy streicheln. Sie rief ihren Freunden aufmunternde Worte zu und Buffy und Tuffy schnalzten und schnatterten zurück und gaben zu erkennen, daß ihnen nichts passiert war.

„Wir haben die Delphine von Bord gegeben. Helfen Sie uns nun?"

„Zuerst noch ein paar Fragen: Woher wußten Sie, daß wir nicht Abgesandte von Lightning waren."

„Marzetti hat einen Geheimcode mit uns vereinbart. Darüber hinaus hat er einen Alarmruf vereinbart, den er mit Ultraschall senden konnte. Wir haben ihn bereits gestern aufgenommen und wußten, daß Sie die beiden Silberdelphine hatten."

„Und was wollten Sie mit den Silberdelphinen?" examinierte Kapitän Leukas weiter, während sich der „Deepking“ näher und näher an die „Golden Belle“ heranschob.

„Ich wollte sie für meine Forschungen. Ich wollte der Welt eröffnen, daß das Leben aus dem Meer gekommen ist und daß ich es beweisen kann“, rief der Reeder und Schiffseigner einer riesigen Flotte von Überwassertransportern und -tankern und Unterwasser-Containerzügen.

„Die Forschung sollten Sie lieber anderen überlassen, die etwas davon verstehen“, rief Leukas.

„Ich habe schon Berichte darüber verfaßt, die internationale Anerkennung fanden. Im Sea Frontiers und Sea Secret sind meine Artikel erschienen, ich bin ein Wissenschaftler.“

„Na schön! – Jetzt unterlaufen wir Sie und lassen Sie aufsitzen. Versuchen Sie keine faulen Tricks. Sie sind auch aus der Luft unter Kontrolle und die Jungs von der Unterwasser-Sicherheitsgruppe verstehen nicht so viel Spaß wie wir.“

Der „Deepking“ glitt mit kleiner Fahrt unter die ständig weitersinkende „Golden Belle“. Dann befand sich sein Andockstutzen unter jenem der „Golden Belle“. Millimetergenau fuhren sie ein, es gab einen leisen Ruck, als die Halterungen einrasteten.

„Verbindung hergestellt. Druckausgleich herbeiführen!“ rief Leukas dem Chef des anderen Bootes zu.

„Druckausgleich herbeigeführt.“

Mit kleiner Fahrt glitt der „Deepking“ – das andere fast gleichgroße Boot huckepack tragend – nach oben. Buffy und Tuffy umschwammen dieses seltsame Gebilde und kehrten immer wieder zu den beiden vorderen Ausguckbullaugen zurück, um sich davon zu überzeugen, daß Ronald und Juliane noch zur Stelle waren.

Als die „Golden Belle“ die Wasseroberfläche durchbrach, kam auch der ziemlich flache Turm des „Deepking“ aus dem Wasser heraus. Durch den Rundumblick sah Kapitän Leukas, daß die See von den Windstößen der Rotorblätter eines großen Hubschraubers aufgewirbelt wurde.

„Captain Josemith an Kapitän Leukas: Wir sind über Ihnen, kommen.“

„Leukas an Josemtih: Wir freuen uns, daß Sie zur Stelle sind, um einige der Gentlemen hier aufzunehmen und nach Invercargill zu bringen. Ich werde diese Gentlemen bitten, einzeln heraufzukommen und in ihre Rettungsboje einzusteigen.“

Nacheinander wurden die vier Männer und eine Frau aus dem Innern der „Golden Belle“ an Bord des Hubschraubers geschafft. Nur der Leitende Ingenieur des Bootes und der Maschinist blieben zurück.

Als der Hubschrauber mit den Festgenommenen abgedreht hatte und in Richtung Nordnordosten verschwunden war, löste sich der „Deepking“ von dem fremden Boot, das nun auf der Wasseroberfläche schwamm, und tauchte auf. Sein Greifarm packte die „Golden Belle“ und Hanns Helms und der Leitende Ingenieur des „Deepking“ gingen über eine Stahl-Stelling an Bord des fremden Bootes.

Eine Stunde dauerte die Reparatur der ausgefallenen Maschine, dann meldete Helms das Boot wieder einsatzbereit. Als Wachen stiegen noch Serpuchow und Lebrun über, während Helms an Bord des „Deepking“ zurückkehrte.

Kapitän Leukas aber ließ den „Meerpfeil“ rufen. Dieser meldete sich sofort und Commander Dr. Golff berichtete, daß sie inzwischen ihr Einsatzgebiet erreicht hätten und die Seewespen morgen etwa um die gleiche Zeit gefangen haben würden.

„Wir werden dann in Tauranga einlaufen und erwarten Sie dort, Spiridon.“

„Ich werde die Meldung bereithalten, Alec“, versicherte der Kapitän des „Deepking“.

Beide Unterwasserfahrzeuge setzten nun ihren Weg nach Invercargill fort, was bedeutete, daß sie nun auf Nordkurs durch das südpazifische Becken liefen.

„Was nun, Onkel Leukas?“ fragte Juliane, als sie sich umgezogen hatte und in die kleine Pantry trat, wo das Mittagessen zubereitet worden war.

„Wir werden jetzt direkten Kurs auf Tauranga nehmen. Dort treffen wir den ‚Meerpfeil' und ihr könnt endlich eure Ferien beginnen. Und wenn ihr Glück habt, dann fahre ich euch dorthin, wo es Delphine gibt und wo der berühmte Pelorus Jack vor beinahe zwei Jahrhunderten als Menschenretter herumschwamm."

„Du willst wirklich nach Pelorus Bay fahren, Onkel Leukas?" rief Juliane glücklich. „Wir werden wirklich mit Buffy und Tuffy dort schwimmen und vielleicht auch ein paar Jungen oder Mädchen auf ihren Rücken reiten lassen?"

„Wenn Buffy und Tuffy damit einverstanden sind, dann bin ich es auch", entgegnete der Kapitän und neigte den Kopf nach vorn, denn er wußte schon, was nun kommen würde: ein kräftiger Schmatz auf seine gramgerunzelte Stirn, wie er immer zu sagen pflegte.

„Wir könnten versuchen, ein paar Wasserskiseile zu bekommen und du solltest Buffy und Tuffy beibringen, daß sie uns statt Motorboot, durch die See ziehen", meinte Ronald.

„Das ist die erste gute Idee, die du je gehabt hast."

„Wenn du es sagst, Schwester, wird es schon stimmen", meinte Ronald versöhnlich. „Und jetzt Parfüm! – Ich meine, verdufte, damit ich meinen Bericht für die Collegezeitung machen kann", scheuchte Ronald seine Schwester aus der gemütlichen Pantry hinaus.

Juliane ging in den Beobachtungsturm und blickte ins Freie. Irgendwo, weit über 1.000 Kilometer entfernt, war der „Meerpfeil" im Einsatz und morgen Nachmittag würden auch sie dort sein.

Wichtige Worterklärungen

abyssisch: von *griech.* abyssos = Abgrund; der Bereich der Tiefsee.

Aqualunge: ein von der Überwasserversorgung unabhängiges Atemgerät beim Tauchen, bei dem sich die Atempreßluft automatisch dem Umgebungsdruck anpaßt.

Bandbreite: die Größe des von einem Filter durchgelassenen Frequenzbereichs.

Cousteau, Jacques-Yves: französischer Tiefseeforscher; Miterfinder der Aqualunge.

Dekompressionskammer: Aufenthaltsraum, in dem Taucher nach dem Tauchgang wieder auf den Normaldruck dekomprimiert werden.

Dolphin AG 555: ein Tieftauchboot der US-Marine für militärische Forschung und Erprobung.

Detektor *(lat.)*: Aufdecker; ein Gerät oder Geräteteil zum Nachweis nicht direkt zugänglicher Stoffe.

Echolot: ein kombiniertes Sende- und Empfangsgerät, mit dem durch das Aussenden von Schallimpulsen und den Empfang der Echoimpulse Entfernungen gemessen werden.

Evolution: von *lat.* evolutio = Entwicklung. In der Biologie die Entwicklung der heutigen Formenvielfalt.

extraterrestrisch *(lat.)*: außerhalb der Erde.

Fluke: Schwanzflosse eines Wales oder Delphins.

Globigerinenschlamm: Urschlamm der See in 2.000 bis 5.000 Meter Tiefe, der im wesentlichen aus Schalen von Foraminiferen (winzigen Einzellern, die am Meeresboden leben) besteht; in ihm ist Uran enthalten.

Go-home-Gas: Gasreserve, die die Rückkehr zur Basis ermöglicht.

Goldcyanide: eine Cyanidlauge, in der metallisches Gold durch eine Alkalicyanidlösung gelöst ist.

gravimetrisch: von gravis = schwer, Schweremessung.

Helium: chem. Zeichen He, gasförmiges Element aus der Gruppe der Edelgase, wird beim Tieftauchen als Atemgas verwendet.

Hertz: Abkürzung Hz = Maßeinheit der Schwingungen. 1 Hz = 1 Schwingung in der Sekunde.

H_2O: chemisches Zeichen für Wasser.

Hydraulikgetriebe: Getriebe, das durch Öl- oder Wasserdruck betrieben wird.

Intelligenzquotient: Kürzel IQ, ein von dem Amerikaner Stern eingeführtes Maß für den Grad der allgemeinen Intelligenz.

Ionosphäre: Höhenschicht, die bei 60 Kilometer Höhe beginnt und bis etwa 1.000 Kilometer emporreicht. In der Ionosphäre werden Moleküle und Atome zu einem gewissen Bruchteil durch extraterrestrische Strahlung ionisiert.

Koma *(griech.)*: Schlaf. Das Koma ist eine bei verschiedenen Krankheiten auftretende Bewußtlosigkeit, aus der der Kranke nicht erweckt werden kann.

Krill: größere Form des tierischen Planktons im Meer; besonders eiweißhaltig.

lumineszierend: von *(lat.)* lumen = Licht; kaltes Leuchten, das nicht durch erhitzte Körper (beispielsweise Glühlampen), sondern durch Leuchtorganismen erzeugt wird (durch einen chemischen Prozeß = Biolumineszenz).

magnetometrisch: erdmagnetische Messungen.

Manipulatorarm: Arbeitsarm an Unterwasserfahrzeugen, der von innen bedient wird.

Metamorphose *(griech.)*: Gestaltswandel.

Monitor: Kontrollempfänger im Fernsehstudio (hier Kleinempfänger von gesendeten Fernsehbildern eines Satelliten).

Mutation: Erbänderung (entwicklungsgeschichtlicher Vorgang, der zum Entstehen eines abgeänderten Erbmerkmals in einem Individuum führt).

Patio: Innenhof eines Hauses.

PTC: Personentransportkammer für Unterwassereinsätze.

Rotor: Drehflügel eines Hubschraubers oder Tragschraubers.

util: Mineral TiO_2; rotes bis schwarzes Titanerz, das zur Erzeugung höchstwertiger Stahllegierungen verwandt wird (Hitzeschilde an Raumfahrzeugen usw.).

SCUBA: Abk. für Self Contained Underwater Breathing Apparatus = US-Sauerstoff-Wiederatmungsgerät für frei schwimmende Taucher.

Sealab III: Das dritte US-Unterwasserhausexperiment unter Führung von Captain George Oote Bond, das am 17. Februar 1969 begann und durch den Tod von Barry L. Cannon am selben Tag abgebrochen wurde.

Selenschwelle: Fotozellenschwelle, die bei Überschreiten reagiert.

Sensoren: Meßfühler.

Spektrallicht: das in seine sieben Grundfarben zerlegte Licht.

Simulatoren: Mathematische Geräte, die physikalische oder technische Aufgaben durch Nachbilden der physikalischen Vorgänge lösen (Flug-, Fahrsimulatoren usw.).

temporär: zeitweise, vorübergehend.

terrestrisch: auf der Erde.

Tiefenrausch: das sich bei zu tiefem Eintauchen einstellende Hochgefühl mit nachfolgenden Bewußtseinsstörungen und Tod, der durch zu starke Sauerstoffaufnahme und zu schnelle Druckveränderungen eintritt.

Turbulenzen: unregelmäßige Luftbewegungen (Wirbel).

verklappen: Ablassen von Abfallstoffen von Schiffen aus ins Meer.

Vocoder: aus *engl.* voice decoder zusammengesetztes Kennwort = Stimm- und Sprachentschlüsseler.

MEERPFEIL

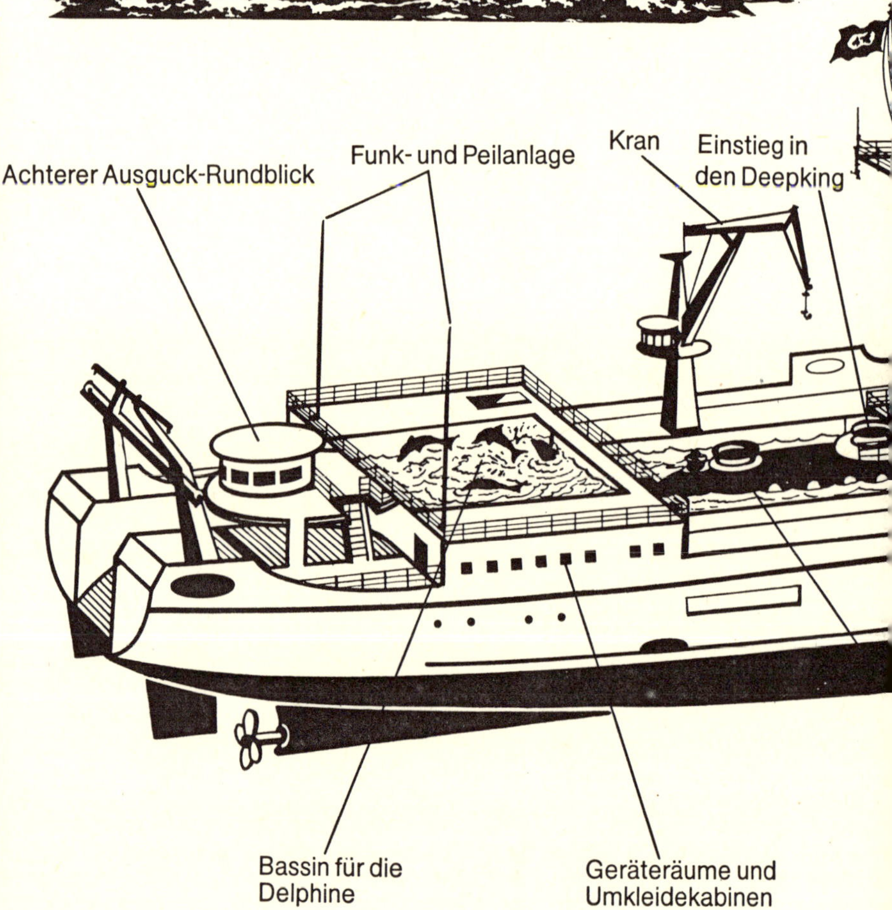
Achterer Ausguck-Rundblick
Funk- und Peilanlage
Kran
Einstieg in den Deepking
Bassin für die Delphine
Geräteräume und Umkleidekabinen

MEERPFEIL

Geschwindigkeit 70 kn
Länge 129 m
Breite 16,9 m
Tiefgang 4,9 m
Verdrängung 3.615 BRT

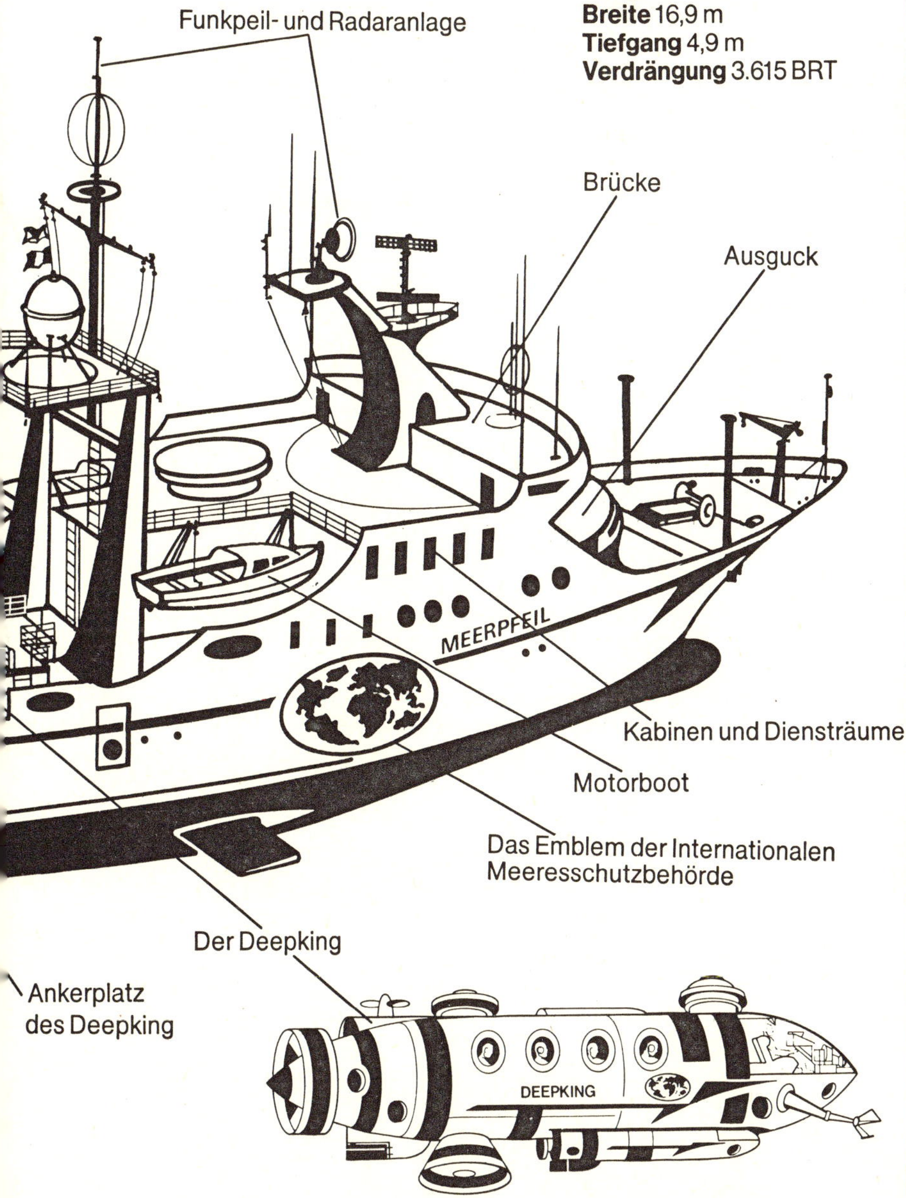

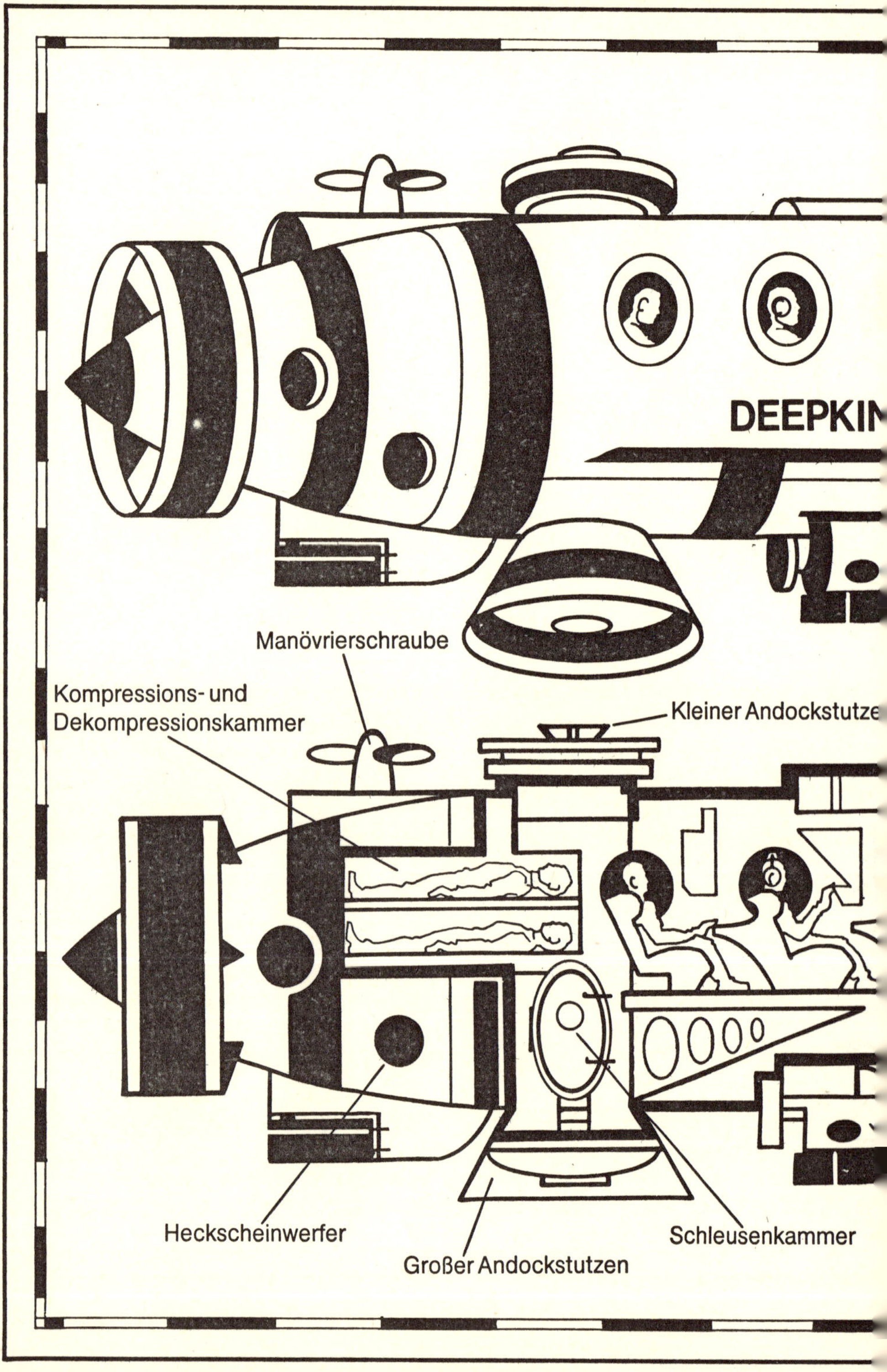
DEEPKIN
Manövrierschraube
Kompressions- und
Dekompressionskammer
Kleiner Andockstutze
Heckscheinwerfer
Schleusenkammer
Großer Andockstutzen

DEEPKING

Geschwindigkeit 70 kn
Länge 16,72
Breite 6,28
Höhe 4,30 m

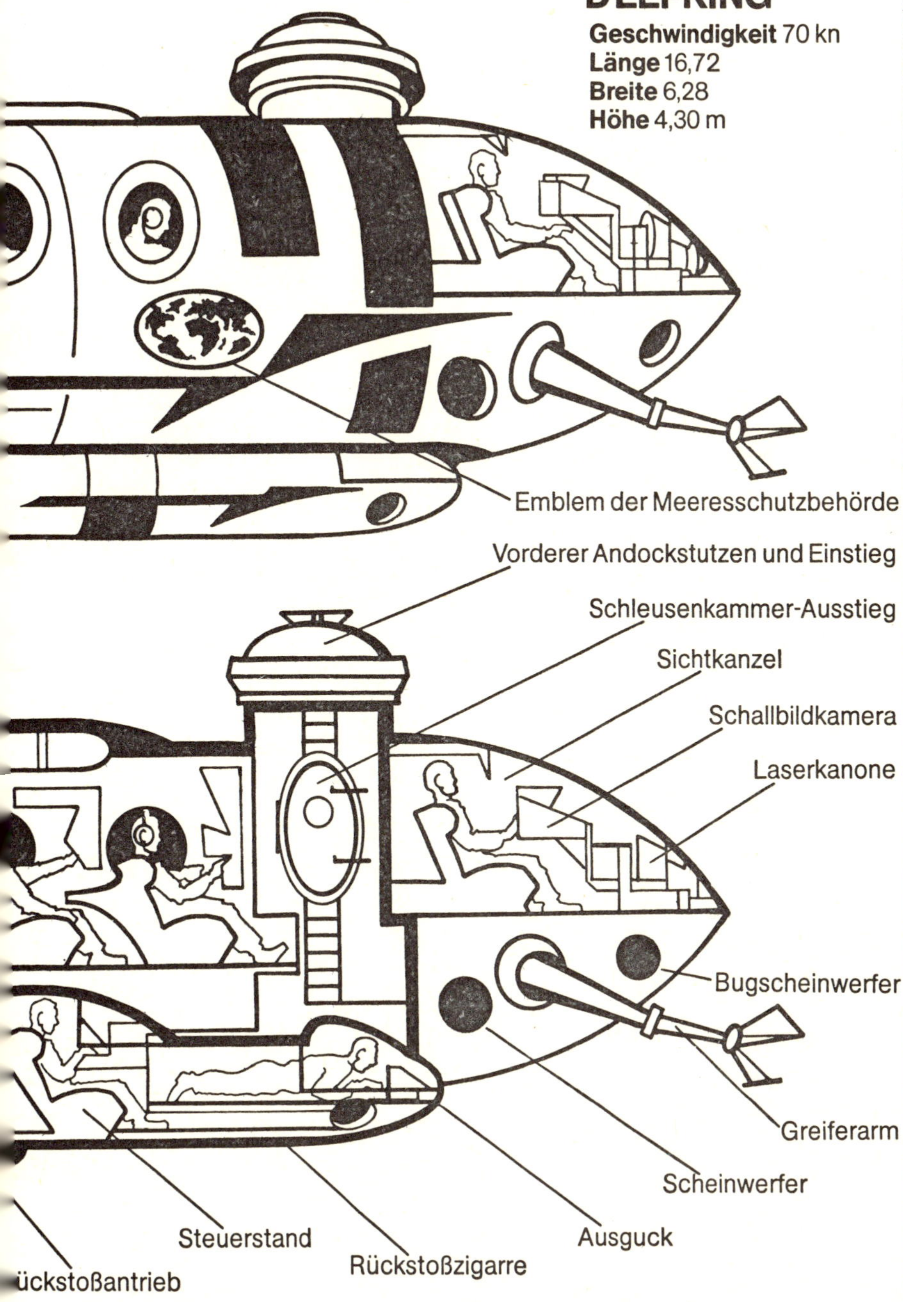